U0507250

科学

学

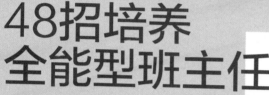

48招培养
全能型班主任

48 methods for cultivating a versatile
homeroom teacher

钟
杰

著

带

班

湖南人民出版社·长沙

你可以不成功，但不能不成长

"你可以不成功，但不能不成长"，这句发人深省的话曾是杨澜女士一场演讲的主题。事实上，我的领导也曾用恨铁不成钢的语气对我说过这句话。

那时，我年轻气盛，心浮气躁，总觉得自己是一个高水平的班主任，带的学生却不够出色。我常常自怨自艾：这是命运的不公，也是领导的偏心，更是我入错行的报应。我还经常对学生进行价值判断，也怀疑并否定自己。比如，我不热爱教师这个职业；我根本就教不好书；我解决不了学生之间的突发问题，更搞不定那些不知疲倦的家长；我就是一个被教师职业耽误的作家，被埋没的服装设计师……抱怨命运，否定自己，瞻前顾后，让我活成了"怨妇型"班主任。

我的领导实在看不下去了，找我谈话。他语重心长地对我说："年轻人在工作中遇到困难很正常，你千万不要因此灰心丧气啊！"我不满地说道："学生、家长、搭档都不配合，我纵有九牛二虎之力，也带不好这个班！"

1

领导被我的丧气话激出了怒气，猛地提高音量，朝我吼道："学校有给你下指标吗？有要求你必须带出优秀班级吗？你可以不成功，学校也不会拿成功与否来衡量一个年轻教师工作水平的高低，但你必须成长。如果你不成长，你的思维就会越来越僵化，你的职业之路就被自己堵死了！"

　　我虽然年轻气盛，心高气傲，但也是一个爱学习的人。我打小就比别的同学更爱读书，并且始终保持着强烈的好奇心和超强的行动力。领导的一声怒吼犹如当头棒喝，使我瞬间清醒：我可能带不出优秀的班级，但我绝不可以成为一个思维僵化的人。我也不能接受自己变成一个职场混子，更不会选择摆烂。我必须努力成长，成为一个专业的班主任。

　　心动之后，我开启了自己的成长之旅。首先是阅读教育类书籍，现学现用，效果立竿见影，我的效能感和价值感大大增强。其次是学着写教育反思，通过反思，我看到了自己的优势，也发现了自己的短板。最后是守住自己的教室，把从书上学到的有效策略、工作上总结的经验，反复用于自己的实践中。慢慢地，我的工作效率越来越高，人也一改先前的怨天尤人，变得积极昂扬。

　　正因为数十年如一日地坚持成长，我才能在当好班主任这件事上得心应手，才能轻松、高效地解决各种班级问题，才能成为班主任实战专家，也才能写出《科学带班：48招培养全能型班主任》这样一本完备、有效的班主任工作参考用书。那么，这是一本怎样的书呢？班主任要怎么使用才更有效呢？

　　此书一共分为六章。第一章是"懂心理：深入了解学生"。了解是有效教育的前提，但怎么了解学生，怎么让学生打开紧闭的心扉，这就需要班主任懂一些心理学相关知识。第二章是"懂管理：解决疑难问题"。正如马卡连柯所说："即使是最好的孩子，如果生活在组织得不好的集体中，也会很快变成一群小野兽。"若不建立良好的班级秩序，学生的问题必然层出不穷。因此，班主任不仅是育人高手，还应该是管理高手。第三章是"懂创新：转变陈旧思维"。有句话说得好，思维模式决定行为模式，思考力推动竞争力。班主任如果不优化思维模式，就会掉进思维的陷阱里，本章用案例呈现了思维优化的过程与效果，生动有趣，好读易学。第四章是"懂激励：帮学生实现自我成长"。善于激励学生，是班主任的专业能力之一，也是促进学生成长的重要手段。因此，每个班主任都要把自己练成激励高手。第五章是"懂沟通：帮学生打开心结"。年轻时，我说话只图自己解气，从来不考虑学生的感受，导致师生关系恶化，教育效果大打折扣。后来，我刻意练习非暴力表达，学生心结解开了，师生关系也健康了。有了好的关系，我心中期待的好教育也就出现了。第六章是"懂自我调节：及时调整心态"。班主任是否平和愉悦，对学生的身心健康有直接影响。因此，班主任要学会调整自己的心态和情绪，要成为一个心态平和、情绪稳定的人。班主任的生命质量越高，就越能提升学生的生命质量。

由此可知，此书是一线班主任的成长宝典。读此书，也是一种成长。一个把成长当作人生大事的班主任，怎么可能当不好班主任？

接下来，我想说说如何高效使用这本书。一线班主任都特别忙，没有多少时间用在读书之事上，读书时略显功利也无可厚非。我建议大家把本书的目录复印下来张贴在办公位上，再把困扰自己的问题梳理出来，将两者进行对比，先看关联性强的内容。这种目标明确的读书方法既省时又能解决问题。

还可以把书放在办公桌的显眼位置，遇到问题就查阅，也能帮助你快速解决问题。书不仅要读，更要用，只有不断地学以致用，你才能取得突飞猛进的成长。

很多老师都羡慕我所获得的荣誉与成就，我说句掏心窝子的话，不用羡慕！只要你愿意像我一样，热爱学生、热爱每一份工作、热爱读书、热爱思考、勤于行动，时间就会给你带来福报，那些属于你的东西一定会从天而降，你只管伸手接住即可。愿每一位读者都能一路花开，高歌猛进！愿每一位班主任都能被看见、被善待、被重视、被尊敬！

是为序。

2025 年 3 月于深圳

目　录

第一章
懂心理：深入了解学生

读懂学生的内心需求　　　　　　　　　　　/ 002
善用契机打开学生心扉　　　　　　　　　　/ 005
建立关系比建立规矩更重要　　　　　　　　/ 009
帮学生找到存在感和价值感　　　　　　　　/ 013
学会与学生共情　　　　　　　　　　　　　/ 018
不要给学生贴负面标签　　　　　　　　　　/ 023
利用正向预言，帮助学生告别消极情绪　　　/ 028

第二章
懂管理：解决疑难问题

熟记学生姓名有讲究　　　　　　　　　　　/ 036
树立底线意识，设置合理底线　　　　　　　/ 039
培养学生自律有妙招　　　　　　　　　　　/ 045
科学训练，提高学生的注意力　　　　　　　/ 050
巧设学习氛围浓厚的"场"　　　　　　　　/ 055
把疑难问题当作课题研究　　　　　　　　　/ 060
不要与学生当众对抗　　　　　　　　　　　/ 064
如何处理意料之外的事件　　　　　　　　　/ 068
巧妙调动家长的积极性　　　　　　　　　　/ 074
向家长"告状"的策略　　　　　　　　　　/ 079
给新手教师的带班建议　　　　　　　　　　/ 082

第三章
懂创新：转变陈旧思维

以讲故事代替讲道理 / 088
以客观陈述代替主观评价 / 093
以鼓励代替刺激 / 098
以帮助代替指责 / 103
以请求代替命令 / 108
以对话代替训话 / 112
以身教代替说教 / 118
以灵活变通代替墨守成规 / 123

第四章
懂激励：帮学生实现自我成长

让有效激励成为学生持续成长的动力 / 130
坚持知行合一，强化行动力 / 134
确立学习目标，找到读书意义 / 138
合理利用胜负心 / 143
改掉任性才有个性 / 146
跑得快不如跑得久 / 151
优化思维方式，增强核心竞争力 / 155
激发自我改变的强烈愿望 / 159
换条赛道，做自己擅长的事情 / 164
如何激发学生的生命能量 / 167

第五章
懂沟通：帮学生打开心结

准确表达自己的需求，节省沟通成本　　　　　　　／ 172
帮助学生改善人际关系的十条建议　　　　　　　　／ 176
学生被欺负了怎么办？　　　　　　　　　　　　　／ 182
当学生深受流言困扰时，班主任该如何应对？　　　／ 186
利用 QQ 群推动学生有效社交　　　　　　　　　　／ 189
好的关系就是好的教育　　　　　　　　　　　　　／ 192

第六章
懂自我调节：及时调整心态

拒绝安排，主动出击　　　　　　　　　　　　　　／ 198
发扬主动精神，和学生一起成长　　　　　　　　　／ 202
积极回应学生，提供情绪价值　　　　　　　　　　／ 207
少抱怨，多行动　　　　　　　　　　　　　　　　／ 212
不念过往，珍惜眼前　　　　　　　　　　　　　　／ 215
缓解班主任倦怠感的有效手段　　　　　　　　　　／ 219

第一章

懂心理：深入了解学生

读懂学生的内心需求

很多老师一心为学生,学生为何不领情?很多老师恨不得每时每刻都把知识教给学生,学生为何不愿意学?因为,他们作为人的需求,没有得到满足;他们内心的渴求,老师没有看懂。

最令班主任欣慰的事莫过于看到学生一到学校就跑步进教室,一进教室就紧闭嘴巴,然后放下书包,拿出书本,沉迷于学习,做到入室即静,入座即学。但客观地说,我从来没有要求学生入室即静,入座即学。

"双减"政策实施后,我校的早读开始时间调整到 7 点 30 分,学生本着自愿原则参加早读。为了让学生从容地起床、吃早餐,学校建议学生在早读开始前 5 分钟内到校。相比原来的 7 点 10 分开始早读,学生获得了 20 分钟的自由时间;相比原来人人必须上早读的规定,学生获得了选择的机会。

我问班上的学生怎么选择,他们摆出一副老神在在的架势说,除了数学、物理可以不用花时间背,哪一科不是"背多分"?八年级上册古诗词共 18 首,单从数量来讲,是七年级下册古诗词的两倍,不上早读那就死定了!我笑着解释"背多分"已经过时了,考试在变革,死学、死背、思维僵化已经拿不到高分了。学生马上反驳我:"巧妇难为无米之炊！不行，我们必须一卷！"

行吧！既然他们心甘情愿来学校"卷"，我求之不得！那么时间上怎么安排呢？原来我们是7点10分考勤，现在早读时间推迟，学生就没必要早早来学校了。可学生不接受。考虑到新政策的要求，也为了兼顾学生的需求，我把早上考勤的时间调整到7点15分，允许学生在7点20分进入早读状态，同意他们最早6点50分到班级。

为什么班级全员坚持早读呢？为什么班上的学生喜欢早早到教室呢？最主要的原因是他们早上来得早，就会有很大的自由空间：早读之前的时间都是他们自己的！

每天早晨7点15分以前的时间，我称之为"班级心理按摩时间"。学生到班后，只要不大吼大叫、追逐打闹、散布谣言、惹是生非，就可以串座位去找与自己关系好的同学聊天，可以与同学扎堆傻乐，可以聚众闲聊，可以相互嬉闹，可以去走廊溜达，可以在教室吃早餐。男孩可以相约掰手腕，展示体能。女孩可以相互理头发，欣赏花容。作业没有写完的学生可以利用这段时间补作业。科代表和学科组长在这一时段可以收作业。卫生组的学生在劳动委员的指挥下打扫卫生。教室里热火朝天却不混乱，每个人的脸上都洋溢着笑意。

有些老师可能会担心我采用这种放养式管理，班级要不了多久就会变得乱糟糟。这种担心不无道理，毕竟我的学生还没有完全达到自律的境界，没有外部力量的干预，他们就会从心所欲、不守规矩。

所以，我也会早早地来到教室。可以说，我与学生共同度过了每天早晨的校园时光。他们说什么，笑什么，做什么，吃什么，我都听在耳里，看在眼里。我觉得这一时段也是我一天中最幸福的时候。

美国著名教育家杜威认为，"教育即生活"，如果学生在教室里都没有体会到安全、愉快的生活，那教育还有什么意义呢？学生的生命又怎么可能舒展？学到再多的知识又有什么用？

指针走到 7 点 15 分，我站上讲台朗声提醒："请同学们回到各自的座位上！"学生迅速地回到他们的座位上，随后便是每日的师生分享时刻。我分享的内容很广泛，可以是一个充满哲理的小故事，可以是阅读时看到的一个金句，还可以是听课时收获的一个新知识……总之就是有助于提升学生认知水平的内容。

到了 7 点 20 分，学生都沉下心来，聚焦早读内容，认真地读书：可以高声朗读，也可以小声诵念，还可以边读边写。采用什么样的方法不重要，重要的是这个方法对自己有效。

我特意描写早晨这一时段的画面，想要说明什么呢？

初一第一学期，经心理老师测评，我班的 5 名学生有抑郁倾向，且处于中度状态。我多次与他们进行深度交流，了解到他们对不确定的人际关系、学习内容等都感到害怕。但现在，这 5 名学生的情绪都很稳定，心态也很阳光，本学期的心理测评显示，他们已然摆脱抑郁倾向。部分男生刚上初一时特别喜欢说脏话，现在也已经彻底改正，成了班上的开心果。一些女生当初不知道怎么与同学交往，把自己搞得灰头土脸，进退两难，现在也都成了交友达人。

很多老师一心为学生，学生为何不领情？很多老师恨不得每时每刻都把知识教给学生，学生为何不愿意学？因为，他们作为人的需求，没有得到满足；他们内心的渴求，老师没有看懂。他们已经活得很不舒服了，哪还有心思学习，哪还有精力绽放？

善用契机打开学生心扉

教育不必时时一本正经，它需要接地气，更要与学生的生活息息相关。

不少班主任问我是否经常把学生请到办公室，郑重其事地与他们谈心。我告诉他们，我不轻易与学生谈心，更不会随便请学生到办公室来。我是一个边界感很强的人，不喜欢学生在教师办公室里进进出出。同时，我也不喜欢在未经学生允许的情况下，挖掘他们内心深处的想法。我喜欢那种师生双方都很乐意，氛围轻松的闲聊。谈话过于郑重，容易阻断学生向外表达的欲望，轻松愉快的氛围则能增强学生敞开心扉的意愿。

我在讲授《在山的那边》一文时，曾问学生："如果你去大山深处，看见那连绵不尽的山峰，你会想些什么？"

一个男孩站起来，沉思良久，说："我什么都不会想。"

我笑了笑，说："不排除这种情况。"然后请另外一个男生回答。那个男生说："我会想山外的繁华世界，想走出大山。"

然后我又请一个叫小雪的女孩回答，她不假思索地答道："我想一辈子待在山里不出来。"

我没有用"对"与"错"来评价这三名学生的回答，而是真诚地说道：

"不论你们做何种选择，只要是发自内心的、最真实的渴望，我都会尊重并支持你们。"说完我继续上课。

中午，我去午休室转了一圈，看到小雪独自一人闷闷不乐地坐在角落里。我向她招了招手，示意她来到我身边，然后指着旁边的椅子叫她坐下，说道："咱们来闲聊会儿，行不？"小雪反问："聊什么话题呢？"我说："我就是好奇你为什么会选择待在山里一辈子不出来。"小雪低头不语，用脚尖在地板上画着圈，说："安全呀，没有压力呀，我可以什么都不想，也不用看见讨厌的人。"我笑着说："那个讨厌的人会是我吗？"小雪笑了笑，摇头说道："我原本是想铆足劲儿来讨厌你，事后发现找不到讨厌你的理由，算了，不跟自己过不去，放弃讨厌你了。"我会心一笑，鼓励道："你的脑瓜子蛮好用，学习成绩也不错，考高中没有问题。"小雪抬起头，直愣愣地看着我，眼神很空洞，她简单而干脆地说道："我压根儿就没想过考高中。"然后又不屑地说道："他们要争就去争吧，想考第一的就去争第一吧，我无所谓。"我笑了笑，说："你现在正是争强好胜的年纪啊。"小雪撇了撇嘴，说道："我没什么可争的，别人说我没用，我就没用呗，反正又没人管我。"我讶异地问道："你父母呢？"小雪眼圈泛红，说："闹离婚呗！"我问："那你跟谁一起生活呢？""跟姥姥啊。"小雪答道。

说完，小雪趴在桌上假寐。我们之间的闲聊就此结束，不过我获得的信息已经让我对小雪有了初步了解。

下午，英语老师告诉我，全班只有小雪一个人没有买英语词典，她还振振有词："我妈不给买啊。"这是一个怎样的妈妈呢？我很好奇。

我给小雪的母亲打电话询问缘由。小雪妈妈说："我不是不给买，而是不知道在哪里买。"我委婉地说道："小雪对我说，她一直跟姥姥生活，这是怎么回事啊？"小雪妈妈说："孩子小的时候，我们一无所有，没有能力照顾她，这也是没办法的事。现在已经接到我们身边来了。""那你们夫妻关系怎样？"我问。小雪妈妈答道："我们是闹过，但还是在一起。"我的担心顿时放下，追问一句："那你们还是一个完整的家庭吧？"小雪妈妈马上说："是啊，我们还是一个完整的家庭。"

这么说来，小雪的心病在于小时候被父母丢给姥姥，因此心生怨恨。况且她是从农村转到深圳读书的（小雪母亲告诉我，小雪是六年级转到深圳来的），心理上难免有所失衡，学习上也不太适应。

放学的时候，我说："小雪，你别急着走，我占用你5分钟时间，咱们聊聊天，如何？"

小雪不愧是个聪明的女孩，她竟然猜到了我的心思，直言不讳地说："我知道你想说什么。我上小学的时候，班主任也知道我的情况，天天找我到办公室谈心，我都烦死了，后来真的把我搞烦了，害得我考试都没考好。"

我心思一转，说："我今天不是来找你谈心的，我只是受人之托，向你转达几句非常重要的话。我要特别向你声明，你跟其他同学没有什么不同，没有特别重要的事情，我绝不会找你谈心。"

小雪听我这样一说，脸上的阴云慢慢消散了。我言简意赅地说道："我今天与你妈妈聊了几句，她请我转告你，小时候把你丢在老家，不是不爱你，而是没有能力照顾你，心里一直觉得亏欠你，希望你能明白，她很爱很爱你。"

我说得缓慢而沉重，小雪的眼眶顿时饱含泪水。但她不愿意让泪水流出来，仰着头，使劲让泪水流回去。

一番闲聊之后，我基本摸清了小雪的性格：渴望关爱，又害怕接受——实际上是害怕失去，当然，还有一点小小的骄傲与虚荣。

我点到为止，说："我完成任务了，你回家吧。"

小雪离开后，我回到办公室伏案忙碌。正忙着，学生敲门找我，叫我到教室去欣赏同学们画的黑板报。我跟着她回到教室。黑板报的基本框架已经画好，很漂亮，让我感到非常惊喜。

让我感到惊讶的是，小雪竟然没有回家，而是在与大家一起讨论如何把黑板报办得更漂亮。看见我进教室，同学们热情地叫着："老师来了。"我笑着，说："这个我可帮不上你们的忙啊，我只有嘴巴一张，会闲谈、会评，就是不会做。"于是学生都停下手中的活，叽里呱啦地开始闲聊，我也趁机加入了闲聊队伍。

从学生的闲聊中，我知道了他们的爱好，也知道他们在追哪些明星，看哪些书，关注哪些网站，玩哪些游戏，乃至对哪个异性有好感。

如果是严肃的谈话，学生会向我透露他们的小秘密吗？我想，他们一定是会防备我的，会守口如瓶。我写这个亲历的教育故事，就是想告诉大家：教育不必时时一本正经，它需要接地气，更要与学生的生活息息相关。

建立关系比建立规矩更重要

深谙人性的班主任都知道，新建班级时最明智的做法不是立规矩，而是与学生建立关系。师生之间只有建立起彼此信任和依赖的关系，才能推进班级制度的建设。

曾经，一个刚接手新班级的班主任给我看她给学生制订的班规，一共55条，通篇都是"不准这样""不准那样"，并且列出了严厉的惩罚措施。我一看，疑窦丛生：这么多内容，学生怎么记得住？你又怎么记得住？学生会服气吗？你怎么去实行呢？一旦不能实行，班规就会成为一纸空文，进而影响班主任的威信。

她天真地回答我："不管能不能实行，我都要先把规矩立出来。我必须强势入轨，找一根杀威棍，给学生一个下马威。"原来她带班追求的是耍威风，而不是提升学生的生命质量，那我可以肯定地说，她在后续的工作中一定会碰壁。

不出我所料，不到两周，这位班主任就向我诉苦了。她说她非常用心把班规打印出来贴在教室墙上，要求学生自行阅读，结果无人理睬。无奈之下，她又把班规打印出来，给每个学生发一份，要求学生背诵。学生纷纷抱怨，说这份班规又多又枯燥，根本背不了。调皮学生甚至还向校长投诉，说她的惩罚条例不合理，有变相体罚之嫌，害得她被校长约谈。这位班主任诉完苦，很是委屈，说："我真是好心没好报！我呕心沥血制订出这样一份班规，都是为了把学生管理得服服帖帖，把班级带得风生水起，为什么学生就是不接受呢？为什么校长还批评我用力过猛呢？"

我说："平心而论，你愿意被一个陌生人管得服服帖帖吗？你愿意别人在不征询你的意见的情况下就制订出各种规则来约束你吗？"

这位班主任还是不解，引经据典地反驳道："孟子说'不以规矩，不能成方圆'；马卡连柯也说过，'即使是最好的孩子，如果生活在组织得不好的集体中，也会很快变成一群小野兽'。"我承认，孟子的话接近真理，马卡连柯说得也没错，这位班主任的想法也符合教育原理，但问题在于她立规矩的时机不对。

深谙人性的班主任都知道，新建班级时最明智的做法不是立规矩，而是与学生建立关系。师生之间只有建立起彼此信任和依赖的关系，才能推进班级制度的建设。那么，新班级的班主任，如何与学生建立健康的师生关系呢？

一、做到四个"坚决不"

1.坚决不任意羞辱学生。

2.坚决不轻易评价学生。

3.坚决不随意指责学生。

4.坚决不恶意否定学生。

班主任若想获得学生的喜爱与信任，上述四条就是必须遵守的铁律。

二、做到五个"一定要"

1.一定要经常表达对学生的喜爱。我每天进教室，看到那群青春活泼的少年，笑容就不自觉地挂在了脸上，甜言蜜语脱口而出，"哎呀，我真是好喜欢你们""越来越喜欢你们了""我发现我都离不开你们了"。外向的孩子会笑嘻嘻地回应我，"我也好喜欢你""我也离不开你了"。内向的孩子则笑眯眯地看着我，眉眼间满是欢喜。

2.一定要护学生周全。我会明确地告诉班上每个学生，我是一个"护犊子"的班主任，他们在学校受到哪怕一丁点儿委屈，我都会为他们讨回公道。我不只是嘴上说说，还会落到实处。谁要是欺凌我的学生，我会第一时间站出来，将学生护在身后，为他们据理力争，直到欺凌者低头认错。每个学生都觉得跟着我特别安全，他们对我就产生了很强的依赖感。

3.一定要一碗水端平。教室里的生生关系是否健康，很大程度上取决于班主任是否公平。有些班主任喜欢把学生分为三六九等：成绩优秀的，是心肝；听话懂事的，是宝贝；乖巧顺眼的，是明珠；而对于成绩差、性子皮、嘴巴油、手脚多、行为乱的学生，他们横竖看不顺眼，逮着机会就挑过拿错。我从来不以成绩论英雄，也不以行为来定好坏，每一个走进我班的学生，都是被我接纳和喜爱的。我经常会诚恳地告诉我的学生，每一个学生都被我握在手心里。我是这样说的，也是这样做的。由于我能做到一视同仁，有教无类，因此班上生生关系也很健康。

4.一定要管理好自己的情绪。不少班主任在失去掌控感时会特别生气，并对学生进行讽刺、斥责、否定、打压。释放负面情绪对班主任来说确实能够减压，但这些行为一定会引起学生的反感，进而破坏师生关系。我这么说，有些老师可能会觉得委屈，心里想：学生把我虐得肝疼，我还不发火，那我还是人吗？我要是不把心中的怒气发出来，得了抑郁症怎么办？有些学生反复犯错，甚至还影响班里其他学生，班主任不生气是不可能的。但不论怎么生气，班主任都不要在特别生气时处理学生问题，要给学生和自己一个冷静期。待大家都冷静之后，再来陈述事情的始末，分析犯错的原因，对症下药，学生就不会心生怨恨，老师也不会气大伤身。有时候遇到突发事件，来不及冷静，火气就腾腾地冒了出来，怎么办呢？通常情况下，我会明确告诉学生，我这会儿很生气，很愤怒，很不开心。说完这几句话之后，我心里的火气就消除了，情绪也恢复正常。

5.一定要走进学生的生命场。很多班主任都说，现在学生的想法真是太奇特了，搞不懂他们。甚至很多刚入职的班主任都吐槽，说现在学生脑子里的信息量特别大，自己与学生简直隔了五十条街。但我的学生却认为，我与他们离得实在是太近了。比如他们在 B 站看动漫，我则在 B 站追番；他们在看甜宠剧，我在看仙侠剧；他们在玩游戏，我在听许怡然的游戏课程；他们在追星，我也在追星，并且比他们了解得更全面。总之，他们想谈哪个明星，我都能侃侃而谈。他们想说某些热点，我也能参与进去说道一番。在学生眼里，我不仅是"潮人"，还是带着他们向上攀登的师父，也是与他们并肩前行的伙伴，他们怎能不喜欢我？

等建立起和谐健康的师生关系，班主任再来给学生立规矩、执行规矩，就非常容易了。

帮学生找到存在感和价值感

　　身为班主任，我们一定要为那些学习暂时落后的学生找点事情做，并以此为契机，寻找各种机会对他们进行积极的评价，帮助他们找到存在感和价值感，让他们成为其他同学生命中的重要他人。这样一来，即便我们一时半会无法提高学生的成绩，至少也可以让他们成长为身心健康的人。

　　我曾经接手过一个毕业班，全班共 45 人，其中 15 人的学习成绩在全年级排名垫底，占比达 1/3。这确实是一个很难看的数据，作为一个初三才上任的班主任，我想在短短一年时间里拿出好看的成绩，可能性相当小。即便如此，班主任仍然可以有所作为。

　　这类成绩排名特别靠后的学生，被大家称为"差生"，可我不愿意给这些学生贴一个"差生"的标签。我是一个具有成长型思维的班主任，评价学生时绝不采用单一的评价方式。我承认，我有时也会使用结果性评价，但在我的评价体系中，结果性评价只占很小的一部分。我通常还会使用过程性评价、多元化评价以及增值性评价。所谓过程性评价，就是我非常重视评价学生的听课状况、作业完成情况，以及平时的行为表现等。至于多元化评价，我是这样操作的，对于在音乐、美术方面成绩突出的学生，我就把音乐和美术成绩放进他们的成绩系统里。对于有运动天赋的学生，我就给他们提供舞台，让他们向所有同学展现自己。如果音体美都不出色，我就寻找这些学生的其他闪光点，比如字写得潇洒有力，打扫卫生特别积极，对老师和同学特别友善，对父母体贴周到，对弟弟妹妹关心爱护……总之，我会从各个角度去寻找学生的亮点，将其放大，呈现在师生面前，让学生特别有存在感和成就感。增值性评价是我用得最多的一种评价方式，那就是看学生的进步。我从来不对学生进行横向比较，我认为这没有可比性，毕竟基因不同，家庭文化不同，他们都不在一条起跑线上，比较就是伤害。因此，我要求学生只跟自己比，今天的自己和昨天的自己比，行为是否更稳重了，学习是否更主动了，认知是否提高了，与人相处是否更友善了，说话是否更有分寸了……只要有一丁点儿进步，就是可喜可贺的事情。我的配班老师都说，我带出来的学生非常自信，非常乐观。这或许和我喜欢采用增值性评价有关。

正因为我具有成长型思维，所以在我看来没有差生，只有差异。当然，还有一种是自暴自弃的学生，如果这些学生没有严重的心理问题和行为问题，而仅仅是成绩较差的话，我更愿意把他们归为暂时落后的学生。

说回我接手的这个初三班级，共有15名学习成绩特别差（几乎每门课程都不及格，语文、英语、数学、物理、化学，高则30分左右，低则10分左右）的学生。这些学生的学习为什么会落后？原因当然各不相同，我很难在短短几天内弄清楚所有真相。但是，摆在眼前的问题却不得不解决。什么问题呢？

正如我们常说的"无事生非，闲人惹事"。这些学生成绩落后，在课堂上找不到成就感，与同学、老师都无法互动，短时间内尚且能安静地坐着，可时间一长，他们就想搞点事情来打发时间。说句真心话，这种日子难熬啊！他们什么都不懂，什么都不会，却要从早到晚枯坐在教室里，还不可以东张西望、窃窃私语，就算什么都听不懂，装也要装作听懂了，就算什么都不会做，抄也要抄一份答案给老师看。

本分的学生，害怕老师惩戒，会装出一副听话的样子。但那些有个性的学生，就会想方设法地搞事情。比如，跷起二郎腿悠闲地摇来摇去以引起他人的注意；旁若无人地趴在课桌上睡觉；乱接老师的话茬造成课堂混乱；干扰旁边的同学使得同学大声抗议；等等。一个班级里，绝大多数纪律问题其实都是学习成绩暂时落后的学生制造出来的。要想避免这种情况，班主任只能想办法让这些学生在班里获得认同感，找到归属感，让他们觉得自己是班里的重要分子，是其他同学生命中的重要他人。

那么，我如何把他们变成其他学生生命中的重要他人呢？

我根据考试成绩，把班里学生分成 A、B、C 三个层次。学习暂时领先的同学就好比搏击长空的苍鹰，他们飞在最顶层，中间的同学则紧跟其后，而学力稍弱的学生则在最后压阵。而我，在最下层，托举着学力稍弱的学生努力朝上飞。我这样做的目的，就是不丢下任何一个学生，我要让每个学生都在他原有的基础上进步，成为让自己最满意的人。

做了这样的规划之后，我就召集这 15 个学生开会，真诚而温和地说道："你们的学习暂时处在落后阶段，但这并不意味着你们的人生就落后了。每个人的命运都充满了变数，未来都有无限的可能。我打算在提高你们成绩的同时，培养你们的班级管理能力，管理能力在未来的职场非常重要。我们班有45个同学、5个老师，加起来共50人，我只占1/50，所以班级要交给大家来管理才合理。现在是开学初期，咱们在原有的班干部团队基础上增设一些班级管理岗位，这些岗位的工作就由你们15位同学来负责。相信老师，我会把你们培养成管理高手，你们一定会在班里找到自己的位置，从而成为大家生命里的重要他人。"

这15名学生听说我让他们参与班级管理，个个喜形于色。但长久形成的腼腆性格使他们不敢过分地表露自己的心声，不过，他们心里的喜悦又岂能瞒得过我？

我根据班级管理的需要设置了5个岗位，分别是作业组长、卫生组长、课间背书统计员、考勤记录员、教室财产保管员。

也许是以前太过默默无闻，这些学生竟然很享受他们如今的角色。尤其是考勤记录员振文，以前他经常迟到，自从担任考勤记录员后，他一次也没有迟到过。还有卫生组长恒彪，每次检查卫生的时候，他都回去得很晚，他的父亲对他颇有微词，他则骄傲地说："我现在是卫生组长了，要负责检查教室里的卫生情况。不信的话，你可以打电话去问老师。"还有三个女生，当我向她们透露"把自己打造成高层女孩"的想法，叫她们去找其他女生商量，然后一人做一个活动策划的时候，她们露出了受宠若惊的表情。随后她们又急迫地问我如何做策划，如何开展活动。我笑着说："咱们先开个女生会议，把调子定下，让每个女生都找找自己的优点和缺点，以及希望得到老师哪些方面的帮助，然后形成书面材料。有了这一手材料，我们的活动才有针对性。"

三个女生的眼里闪烁着快乐的光芒，她们雀跃着转身离开。

让这些学生参与班级管理之后，课堂上的违纪现象果然少了很多，课间追赶打闹的现象也日渐减少。当然，他们的表现只能说相较以往有所进步，距我的预期目标还差得很远。但这有什么关系呢？我变着花样对这些学生进行积极评价，他们每天都能从我这里得到正向反馈，能看到我满面春风的笑脸，能感知到我对他们未来的积极设想，更能切身感受到我对他们的接纳与理解。他们的生命状态相较以往已经发生了很大的变化，这足够令人振奋了。只要我耐着性子，扶着他们慢慢走，就一定能让他们走出曾经的阴霾。

但凡是一个正常的人，都不会甘于寂寞，更不会甘于被别人忽视。所以，身为班主任，我们一定要为那些学习暂时落后的学生找点事情做，并以此为契机，寻找各种机会对他们进行积极的评价，帮助他们找到存在感和价值感，让他们成为其他同学生命中的重要他人。这样一来，即便我们一时半会无法提高学生的成绩，至少也可以让他们成长为身心健康的人，为他们未来的幸福人生奠定坚实的心理基础。

学会与学生共情

何为共情力？是指设身处地地体验他人处境，感受并理解他人心情的一种能力。有人说，共情力是"最高层次的善良"，因为它必须探寻对方最真实的需求，用恰到好处的善意，给予对方最需要的帮助。

在我读初中时，母亲每年初冬播下小麦后，就去我父亲工作的地方找他，把我和我弟留在老家。我是家中老大，既要搞好学习，又要操持家务，压力实在是很大。

有一次，家里的两头猪病了，我急得六神无主。院子里的叔伯、婶娘们叫我去隔壁村请兽医来给猪打针。兽医家里有庄稼地一大片，很忙，只能早上来我家给猪治病。我说："我早上要去学校上学呢，你可不可以傍晚去我家给猪打针？"兽医一口回绝，而这方圆几十里，就他一个兽医。

毫无悬念，没有奇迹，早上等兽医给我家的猪打完针，我去学校已经迟到了。守在学校门口的，是腰背挺直、目光炯炯的学校党支部书记，也是我的政治老师。他看见我迟到了——他已经不是第一次抓到我迟到了，怒气冲冲地说道："别以为你成绩好就可以骄傲自大、懒惰成性、吊儿郎当，你要是能考上大学，我用手掌心煎豆腐给你吃！"

说完，厉吼一声："还不滚回教室去！"

各位，我亲爱的政治老师用的就是激将法。所谓激将法，就是一种用刺激性的话语或反话激励他人去做某事的手段。那么激将法有没有用呢？我的感受告诉我，只有副作用。按照阿尔弗雷德·阿德勒的积极心理学来讲，我当时应该这样想：哇！我的政治老师好关心我啊，我不可以再迟到了，我必须努力学习，考一个好学校来证明自己确实很优秀。再不济，负面一点，我也应该这样想：哼，咱们走着瞧，届时我考个大学给你看，我看你怎么用手掌心煎豆腐给我吃。

事实上我当时很委屈，很颓丧，心想我都落得这般田地了，他作为我的老师，不仅不同情我、帮助我，还冤枉我、侮辱我，我还能有什么雄心壮志？我只能自甘堕落了。原本我是应该积极解释缘由的，奈何我当时的认知有很大的局限性，没有能力跳出心理泥淖，只能眼睁睁地看着自己往下沉。幸好我的运气不算差，语文老师的理解、支持和鼓励，让我没有一直沉浸在负面情绪中。

成年之后，不论是做母亲，还是做老师，我都不喜欢使用激将法。我承认，激将法若使用得当，会激起对方的雄心壮志，使其发挥潜能，从而产生不同寻常的效果。比如《三国演义》中，诸葛亮用"揽二乔于东南兮，乐朝夕与之共"一语激周瑜，使得周瑜大怒，主动与自己合作，才顺利定下联吴抗曹的大计。

激将法若使用不当，势必引发当事人的暴力对抗，或者非暴力抵制。尤其是学生，激将不当容易引发他们的叛逆心理，使他们横下心来，一条道走到黑，那就不是有良知的教育者想看到的结果了。

那么我用什么方法来劝解学生呢？通常情况下，我会释放出我的共情力。何为共情力？是指设身处地地体验他人处境，感受并理解他人心情的一种能力。这一解释偏学术化，不易理解。我曾经读过一本心理学与相关的书，在此引用其中一则故事进行说明。

一个人得了精神病，他认为自己是一个蘑菇，每天蹲在角落里不吃饭也不喝水。无论医护人员怎么劝说，这个精神病人都不曾改变认知，还是继续当蘑菇。

一位新来的医生是这样做的。他把伞打开，蹲在了精神病人的旁边。病人问他是谁，医生说自己是蘑菇。病人没有搭话，继续蹲在那里。没过一会儿，医生站起来开始走动。

病人很诧异，问医生："你是蘑菇，蘑菇怎么能走？"

医生回答："谁说蘑菇不能动？"

病人听后，认为有道理，他也站起来活动。

之后，医生开始吃饭，病人又问："蘑菇怎么能吃饭呢？"

医生告诉他："蘑菇不吃东西会长不大。"

于是，病人跟着医生一起吃饭。没多久，病人治好了精神病，变得和正常人一样了。

这个故事中的医生，向病人释放的就是共情力。有人说，共情力是"最高层次的善良"，因为它必须探寻对方最真实的需求，用恰到好处的善意，给予对方最需要的帮助。

那么，一线班主任如何才能培养出自己的共情力呢？

1.要耐心听学生说话。一线班主任都很忙碌，多数时间无法耐心地听学生把一件事讲完。学生只要察觉到老师对其言语有一丝一毫的不耐烦，就不会再向老师敞开心扉。有时我进教室，会忍不住对学生说："我这几天好忙，忙得上个厕所都是一路小跑。"其实我就是想让学生知道，我好忙，我好累，但我绝不会因此忽略他们。问题在于，我只表达了自己的忙碌，没有向他们表达我的完整心意。于是学生就理解为，老师很忙，没有时间来听他们说话，更没有时间来处理一些鸡毛蒜皮的事。接下来几天，我觉得耳根特别清净，有一种与学生失联的感觉。我还听家长说，孩子回家叮嘱他们，钟老师特别忙、特别累，不要去打扰她。我感动于学生的懂事，同时也为自己的粗疏后悔。我承认我很忙，但学生的成长才是我应该排在第一位的大事。自那以后，我再忙再累，都不会向学生诉苦，而是真诚地告诉他们，不管我在做什么，只要他们找我，我都会第一时间做出回应。因为，对于我来说，没有什么比学生的需要更重要。

2.要训练察言观色的本领。通常情况下，学生的心事不是摆在脸上，就是藏在他的语言里。因此，班主任每天走进教室就要观察每位学生，脸色是否红润，眼神是否平静，身体是否轻盈，言语是否轻松。问话的时候，他是否能心平气和地回应；安排他做事的时候，他是否积极行动。如果得到的都是肯定的答案，那么班主任向学生展颜一笑，便可以忙自己的事去。但如果学生面露不悦，说话语气很冲，呆坐着发愁，那么班主任就要走到学生身边，轻抚其肩背，温和地问道："你看起来心情很不好，需要我为你做什么吗？"如果学生需要帮助，那班主任就要立即为学生排除万难。如果学生不需要，班主任也不要觉得学生拒人千里，只需温柔地回应道："好，你先自我消化，但你要记住，我永远都在你身后为你兜底。只要你需要，我会第一时间帮助你。"

3.传递感受而非评价。班主任当久了，很容易忘记教育的初心，把自己从教育者变成管理者。管理者只想着控制和评价。比如学生生病不戴口罩，管理者会简单粗暴地发命令："戴口罩！得了流感还不戴口罩，就是不把同学的健康当回事！"其实，学生不戴口罩这事远远谈不上漠视他人生命。学生就是不喜欢戴口罩而已，他觉得戴口罩难受，又热又闷，嘴巴周围还长了痱子。教育者的职责首先是提醒："某某同学，生病了要戴口罩啊。"如果这位同学还不戴口罩，那就把自己的感受传递给他："我也知道戴口罩很难受，只是现在流感肆虐，万一不小心传染给身边的同学和老师，我们该多难受啊。"这样说话，学生就不会抗拒，而会乖巧、顺从地戴上口罩。

提高共情力的方法有很多，但不管是哪一种方法，都要求班主任做到眼中有人，心中有情，既要感同身受，又要换位思考，这样学生与老师相处才会如沐春风。

不要给学生贴负面标签

所谓的积极设想，就是根据学生的行为、能力、需求等，顺势而为，给学生贴上正向的标签。班主任给学生贴上善意的、正向的标签，会使学生的行为更符合期待，从而放大这一标签的正面作用；班主任若给学生贴上负面的、消极的标签，就会严重破坏师生关系，导致教育低效甚至无效。

很多老师都羡慕我与学生关系和谐，问我究竟有何秘诀。我思来想去，好像都是一些很常规的招数。如果一定要谈秘诀的话，那就是我从不给学生贴负面标签。在我看来，给学生贴负面标签会产生很多副作用，会严重破坏师生关系，导致教育低效甚至无效。

什么是负面标签呢？我举几个例子来说明。男孩子抽了烟，玩了手机，与同学打了一次架，就被班主任视为坏孩子，这个"坏孩子"就是负面标签。女孩子在背后说了其他同学的坏话，或者传递了一则负面信息，就被定性为"长舌妇"，这个"长舌妇"就是极具侮辱性的负面标签。其他诸如"笨蛋""蠢货""懒鬼""废柴"等，都是负面标签。那么负面标签究竟会产生哪些副作用呢？

1. 会导致学生的身体出现问题

医生说，如果成人长期对孩子进行负面评价，那么孩子可能会出现头痛、口吃、溃疡、肠痉挛、腹泻、便秘等问题。

不要说孩子被贴了负面标签之后会生病，就连成年人也都禁不住别人的标签式攻击。我父亲年前来深圳与我一起住了两个月，心情好，身体好。过完年后，他带着愉悦的心情回了老家。大概过了一个月，母亲就打电话给我，说父亲病了，病得很严重，在乡镇医院住院治疗的效果不佳，她准备把我父亲转到县城医院去治疗。父亲在县城医院住院治疗了两周，还是不见好转，于是在医生的建议下不得不转到市级医院治疗。

父亲虽已年届耄耋，但他的身体一直很棒，为何从深圳回到老家就一病不起呢？原来，他被他的亲侄儿贴了两个负面标签，戳了痛处，气急而病。我的父亲年事已高，头发早已掉光，我那个嘴欠的堂哥天天叫他光头。还有，我的父亲在国企当了一辈子工人，没有为自己买一套房子，这本来就是他的心病，容不得别人说道。我的堂哥却到处说我父亲是个草包，当一辈子工人，连套房子都买不起，还住女儿买的房子。父亲嘴拙，内心又细腻敏感，就被他的亲侄子气得住院了。幸好我弟弟及时把他接到攀枝花市住院治疗，远离了我的毒舌堂哥，他的病情才逐渐好转。

我读初中那会儿，总是被同学取充满恶意的绰号，经常气得肚子痛。母亲以为我得了怪病，赶紧带我去看医生。我甚至一度以为自己得了绝症。毕业后，我离开了那所学校，离开了那些给我贴负面标签的同学，肚子痛的毛病就不治而愈了。若干年后，我才从书里读到，负面标签会对人产生攻击力，轻则使人心情低落，重则致病。

2. 会导致学生的心理出现问题

这一点已经不容置疑了，这方面的案例实在太多了。心理医生说，一个人长期处在负面评价中，会产生恐惧、焦虑、抑郁、易怒等不良情绪，严重的还会导致失眠、厌食、酒精和药物成瘾，甚至厌世等可怕后果。

我认识的一个八年级女孩L，参与过三次学校组织的心理健康筛查，每一次的筛查评估都显示她有重度抑郁。心理老师与她进行了深度交流，得知L抑郁的缘由是她在QQ相册发了一些浓妆艳抹、盛装打扮的自拍照片，被她的同学贴上了"风尘女"的负面标签。L自问从未伤害过他人，也没有违反过校纪班规，更没有在学校出过任何风头，她不过是喜欢Cosplay（动漫角色扮演），为什么就被同学贴上"风尘女"的标签呢？我认识L，也了解这个女孩，她在学校里确实是一个安静沉稳、遵守规则、善解人意的女孩，在家里也很听父母的话，喜欢看漫画、穿汉服，没事的时候玩一玩Cosplay，拍一些照片存放在QQ相册里以留作纪念。幸好心理老师发现及时，对L进行了心理疏导，班主任也及时批评了给L贴负面标签的学生，L的抑郁情绪才得到缓解。

3. 对自己产生错误的认知

负面标签贴多了、贴久了，学生就接受了，也就形成了错误的自我认知，以为自己就是标签指向的那种人。比如，长期给一个学生贴上"戏精""蠢货"的标签，学生就会慢慢认为自己是个"戏精"，是个"蠢货"，并且蠢得无可救药。

我读小学时，被我的班主任贴上"此生只配给堂妹提皮鞋"的标签。一开始听到这个标签，我是很生气的，慢慢地，我就不再生气，最后竟然接受了自己这辈子要给堂妹提皮鞋的事。我甚至底气十足地说："我给我堂妹提皮鞋怎么了？她是我堂妹，又不是别人！"

4.产生自卑情绪，形成懦弱性格

上课说了几句话，就成了话痨；写作业打折扣，就成了懒鬼；考试成绩不好，就成了笨蛋；学习不够勤奋，就成了收破烂的。负面标签就像飞碟一样飞向学生。胆子大的学生还敢接住再扔回去；胆子小的学生，就只能任其砸在自己头上，久而久之，就变成了一个自卑懦弱的人。

明知负面标签会产生很多副作用，为何人们还是喜欢给别人贴负面标签呢？那个女生 L 也发出过灵魂拷问：自己不过是喜欢 Cosplay，喜欢自拍而已，不妨碍任何人，为何就被贴上负面标签了呢？因为，给别人贴标签简单、方便、快捷、轻松，贴标签的人不用耗费精力去还原真相，事实上，他们也不想进一步了解他人的想法。然而，用贴标签的方式给一个人定性，不仅不准确，还极具伤害性和侮辱性。

可以说，给人贴标签属于"恶习"，那么，作为一名教育工作者，我如何应对这种人性中固有的"恶习"呢？

在我的教室里，我始终致力于对学生的人生进行积极的设想。不管一个学生现在怎样，我都要尽最大的努力去挖掘他的闪光点，看到他内心最渴望的东西，然后用积极的语言给他描述出来。

男生小丙，性情温和，家境优渥，无欲无求。用他自己的话说就是：不缺爱、不缺钱、不缺房，努力有什么用？还不如选择躺平，心平气和当个"废柴"。我说："你想当废柴都没有资格！你父亲开公司，挣大钱，你就要打起精神子承父业，挣大钱之后回馈你的家乡。据我所知，你的家乡教育非常落后，你要回去办学校，帮助你的同乡走出大山，去看更广阔的世界。我都为你的学校取好名字了，就叫某某国际外国语学校，或者叫某某希望小学，你就是小丙校长。等你的学校落成，我就贡献余热，到你的学校做个顾问，为你培养年轻教师。"未来的小丙校长在我的积极设想下，对未来有了期待，对生活充满热情，对待学习也不像以前那样无所谓了，这种生命状态下的他与之前判若两人。

女生小祈，学习基础相当差，学习能力尤其弱，对学习完全没有兴趣。有一段时间她还相当叛逆，抽电子烟，与几个女生拉帮结派。她说："反正我又考不上高中，到时分流去职校，随便读个专业，拿个职高毕业证就行了。"我说："很好啊，你还有读职高的想法，说明你还在追求进步。"有一次，我听她与同学闲聊，两人相约初中毕业后一起读卫校当护士。我就顺着这一点给了她一个积极的人生预想："我非常支持你去读卫校。当个'白衣天使'真的很酷啊，能够把温暖和安全带给他人，别人一看见你就感到心安。"在我的积极设想下，小祈慢慢地涤除了叛逆之气。虽然学习成绩上升的幅度很小，但她没有出现厌学的情绪。不论作业多难，她都会认真完成。即使写出来的答案大多是错误的，她也没放弃。因为她的心里，有一个成为"白衣天使"的梦。

其实，我所谓的积极设想，就是根据学生的行为、能力、需求等，顺势而为，给学生贴上正向的标签。班主任给学生贴上善意的、正向的标签，会使学生的行为更符合期待，从而放大这一标签的正面作用。也正是因为我不断地为学生积极设想，学生在我这里不再叛逆，能接受我的言传，也能接受我的身教。他们对自己的未来便满怀希望。

利用正向预言，帮助学生告别消极情绪

心理咨询师武志红曾经提出"自我实现的预言"的说法，意思是：一个人常说的那些话，可能会成为他自己的生命预言。作为班主任，我们一定要重视学生日常的语言表达，尽可能地给学生打造一套正向的语言表达系统，让学生积极地设想自己的人生，尽量少说或者不说消极的话，帮助学生把消极表达变成积极的生命预言，推动学生的精神成长。

每次接手新班时，我都会听到学生说："我不行，我成绩不好。"我温和地反问道："你怎么不行？"学生被我的反问弄得有些尴尬，说："我也不知道，总之就是觉得自己不行。"我笑着纠正他："从今往后，你要牢记，不管行不行，都要说自己行。实在不行，你立马找人学习也行啊，对谁都不可以说自己很差。大话咱不说，但丧气话也决不可以说。"学生当然很容易听进去这些话，但如果我们不刻意引导他们，不手把手教他们积极地设想自己的人生，他们在日常交流中还是很容易回归本能——消极表达。

2019年9月，我接手了一个初三班级。说实话，这个班级是我在深圳当班主任这些年中遇到的最好的班级。"最好"当然是指考试成绩。但是，在与这帮学生相处一个月之后，我明显感觉到他们的语言系统苍白而消极，精神状态低沉而颓丧。我经常听到他们在教室里说些这样的话。

1. 我不行。语文老师邀请某同学演课本剧的男主角，他立马以一句"别找我，我不行"拒绝。我建议这位同学这样说："表演不是我的特长，我比较擅长朗诵、写作等，下次若有能够让我发挥优势的活动，我一定积极报名参加。"

2. 我不会。我邀请某同学协助我管理班级，自荐当班干部，这位同学马上摇头说："老师，我不会呀，我不懂怎么当班干部，还是算了吧。"我不依，说："换一种说法，你可以这样表达：'我以前没当过班干部，刚开始可能做不好，但我愿意试一试。'"

3. 我不勇敢。我带着学生去做脊柱筛查，女孩们总是问我要不要抽血。我笑着问："这是在担心会痛吗？"女孩们的表情立马变得惊恐，说："很害怕呀，我不勇敢，我很胆小的。"我笑着说："不如说成'我对疼痛比较敏感，所以注意力总是集中在针扎的那一刻，如果有人在一旁和我说话分散我的注意力，我就不会觉得那么疼了'。"

4. 我不优秀。班里有个女生，每次看见我都竭力躲闪，我悄悄向她的闺蜜询问缘由。她的闺密告诉我，女孩是觉得自己不够优秀，没有勇气与老师正面接触，害怕老师看不起她。我请女孩的闺密转告女孩，她可以这样表达："我只是一个学生，不论阅历还是经历，与老师都不在同一个层面，向老师暴露不足，就是为了有一天可以变得更优秀。"

5. 我不受欢迎。班上有两个自称"社恐"的同学，同伴比较少，课间也不活跃。我问他们为何不参与社交，他们的回答是："我不受欢迎啊，何必自找没趣。"我笑着说："换一种说法，就换了一种心态，朋友也许就来了呢。"换成什么说法呢？比如，"我是一个与众不同的人，目前朋友少，不是因为我不受欢迎，而是因为同学们还不太了解我，等我慢慢展示出自己的特点、优点，他们肯定会成为我的朋友的"。

6.我很笨。说这句话的学生最多。特别是在考试成绩不如意，作业完成不好的时候，不少学生就会说："我好笨啊，我基因不好，所以学不好。"可是不管基因好不好，我们都要相信自己是独一无二的，要相信天生我材必有用。因此这句话可以换成"我暂时还没掌握这些知识点，我相信通过我的努力一定能掌握，只是时间问题而已"。

7.我很丑。女孩们最爱说这句话。发型、身材、穿着，稍不如意，她们都会觉得自己很丑。不管她们是真心觉得自己丑，还是假意说自己丑，我都不希望她们把"丑"字挂在嘴边。我建议她们这样说："我还小，还没长开，现在看起来的确很一般，但是女大十八变呀，等我长大了，就很美了。"

8.我很失败。考试没考好，我很失败；跑步慢了，我很失败；去食堂吃饭排队等太久，我很失败。说这种话的学生，或许并非真的认为自己失败，而是把它当个口头禅。但口乃心之门户，学生常常把"失败"二字挂在嘴边，潜意识里就会慢慢认定自己很失败。我建议孩子们这样说："我这次复习得不全面，考试成绩不甚理想，我下次一定要充分准备。""我最近跑步有些慢，需要加强体能和耐力的训练。""食堂吃饭的人真多啊，生意真好，好菜不怕久等，排队慢是正常的。"

9.我很没用。曾经有学生在自我评价量表上写道："我就是个废物，我很没用！"不管这孩子是不是自嘲，我都不允许学生说自己没用。

这世上根本没有一无是处的人，哪怕真的是一个"废柴"，不也是柴吗？不也能献出热量吗？我要求孩子这样说："目前我的确无法完成手头的任务，但那是因为这项任务不是我最拿手的。我坚信，只要我保持上进心，一旦遇到适合我的事情，我就可以做得很漂亮！"

10.我成绩不好。每次带新班级时，我都会因为这句话大发雷霆。为什么？因为很多学生都会振振有词地说自己成绩不好。因为自己成绩不好，所以作业不会做；因为自己成绩不好，所以课文不会背；因为自己成绩不好，所以好座位要让给成绩好的同学；因为自己成绩不好，所以不配得到老师的关爱。我听到这些话，就会心生怒气，吼道："成绩并不决定一切，有差异是正常的！"吼完，我就要求学生改变说法："我只是暂时落后一点点，我只是在一个不属于自己的赛道里与他人比赛，我只是不适应当下的教学进度……"总之，学生要给自己一个正确的解释，然后激励自己："只要我愿意努力，愿意去寻找合适的学习方法，就会慢慢进步；即便没有进步，我只要保持上进，今后遇到适合自己干的事情，进入属于自己的赛道，凭着这股不服输的精神，也能做得风生水起。"

当然，不是每个学生都会说这些话，但这些话在班里出现的频率最高，成绩中等以及中等偏下的学生就是这些语句的主要产出者。

这些学生每天都在不遗余力地描述自己消极的生命现状，他们的未来就是消极、负面、失意的。可是，他们现在的生命状态之所以被动、盲目、无序，不就是因为他们早先的消极预言吗？

我虽然是空降到这个班的，但与学生相处一个月之后，对他们的优点和缺点都了然于心。因此，接下来我就客观、理性地对整个班级进行了分析，使学生发扬优点，改正缺点，在扬长避短的过程中推动学生的精神成长。我是如何帮助学生把消极表达变成积极的生命预言，进而推动学生精神成长的呢？

这个班的学生整体上很温顺，同学之间的关系也很融洽，但是班风懒散，学生行动力较差，做事效率低，表达消极，两极分化非常严重。针对这些群体性问题，我该怎么解决？

武志红曾经提出"自我实现的预言"的说法，意思是：一个人常说的那些话，可能会成为他自己的生命预言。我对这一观点还是颇为赞同的，毕竟我自己的人生走到这一步，也是从小到大积极设想的结果。

既然我已经发现他们在精神上出现了裂缝，那么我就要竭尽所能地修补。具体怎么修补呢？

一、积极地设想自己的人生

1.给每个学生准备一两张大红纸，让学生裁剪成12厘米的正方形备用。

2.学生根据自己对未来的设想，用积极的语言描述自己的人生。通用的描述模式是这样的：我一定要在初中最后一年通过自己的努力考上深圳中学（或红岭中学、宝安中学、深圳实验学校光明部、光明中学、第二职业技术学校等）；我一定要通过我的努力让学习成绩突飞猛进；我一定要活成自己喜欢的样子……个性化描述则是在通用描述之后对自己未来的人生进行多角度描述，学生想成为什么样的人，就怎么描述。比如，我一定加强写作训练，长大后成为一名作家；我一定要利用业余时间练习绘画，成为一名优秀的插画师；我一定要开一个自己的公司，实现财务自由；等等。

3.学生将积极的设想写在红纸上，再将方形红纸折成纸鹤。学生可以将纸鹤挂在自己的卧室里自勉，也可以放在课桌里，还可以将其挂在教室黑板下方的红绳上（特别提倡这种做法，把自己设想的积极未来挂在眼前，随时可以看到，对自己而言是个莫大的激励）。

二、将消极的表达改成积极的表达

我在班上提出明确要求：把所有负面的表达从我们的语言系统里剔除出去，不允许说"我不行""我很差""我做不了"等自我否定的话，必须改成"我可以做到""我会越来越好""我多做几遍就可以做好"等积极的表达。

集体意见达成一致后，接下来班主任就要在日常工作中对学生进行个别指导了。不论何时，只要听到学生对自我的评价过于消极，我们就要及时干预，引导孩子正确地表达。比如，在看男生做引体向上训练时，我问体委："咱们班目前有多少男生的引体向上的成绩接近满分？"我话音刚落，立马就有几个男生颓废地答道："反正我得不到满分，我随便练一下。"我看这几个男生身体健硕，成绩不好的原因很可能是懒散，却又因成绩不好而信心不足。于是我正色道："据我所知，引体向上是最容易通过训练拿到满分的！我曾经带过一个班，当时很多男生的体育成绩不达标，但通过训练，他们中考时的体育成绩都是满分。所以从今以后，你们必须用积极的话语来表达：'通过大半年的强化训练，我的引体向上肯定是可以考满分的；训练是有作用的，所以我必须坚持天天练习！'"

引体向上训练完毕，体育老师又要求他们进行400米跑步训练，时间限定在1分48秒以内。听到这一要求，一群男生鬼哭狼嚎："这么难，哪里跑得到？"1分48秒并非高要求，他们却还在为自己设置心理上的障碍。要知道，男生跑400米要控制在1分42秒以内才算优秀。现在还是初训阶段，压力还没加上去，他们就喊做不到，等最后一学期做强化训练时，他们如何能做到？于是我纠正道："从今天开始，不准说跑不了，而要说'我有信心跑下来，只要天天坚持训练，我就一定能跑下来，并拿到满分'。"

像这样随时随地帮助学生积极设想未来，是在我接手班级两周后开始的。一个月后，整个班级的精神面貌焕然一新。首先，再也没有不写语文作业的学生了，他们都能按照要求订正作业，即使老师没有要求，不少学生也会主动订正。其他学科的老师也反映学生对待学习的态度比前两周积极很多，连知晓他们的底细的学科老师也说，相比上个学期，学生的生命状态确实变得积极了。

学生当然不知道人是最容易受到暗示的动物，但作为班主任，我们一定要重视学生日常的语言表达，尽可能地给学生打造一套正向的语言表达系统，让学生尽量少说或者不说消极的话。只要学生坚持使用正向的语言进行表达，老师积极地予以正面反馈，班集体就会充满正能量。

第二章

懂管理：解决疑难问题

熟记学生姓名有讲究

青春期的孩子缺乏理性，很难多维度地看人、看事。不论是年轻班主任还是资深班主任，你要去结识一群孩子，就一定要做充分的准备。记住他们的姓名，从姓名中看出深意，喊出趣味，学生就会发自内心地喜欢你。

一般来说，接手新班级后，班主任工作在开学后才正式开始，但我觉得利用暑假把那些未曾谋面的学生的姓名记下来是很有必要的。提前记下学生姓名的好处很多，不妨让我一一道来。

1. 避免不识字的尴尬。有的老师曾经因为不认识学生姓名里的字而遭到学生嘲笑。比如有个学生叫杨垚，由于"垚"字在日常生活中不常见，该老师事前又没准备，临场也想不起来这个字的读音，只能硬着头皮叫"杨土"，结果被学生笑得下不来台。我接班时曾经遇到一个学生叫王檄，我一开口就准确无误地叫出了他的姓名。王檄又惊又喜，说很多老师都叫他"王激"，而我竟然叫对了，他好开心。我说："我虽然背不下来骆宾王的《为徐敬业讨武曌檄》，但也是读熟了的。"王檄激动得一拍桌子："巧啊，我爸给我取这个名字就是因为这篇文章。"后来我才知道，王檄的爸爸是北京大学毕业的。之后，王檄无论在别人面前多么调皮，在我面前都很规矩。

自那以后，只要接手新的班级，我都会提前做"记住学生姓名"这门功课。具体做法是：首先浏览一遍学生名单，凡是觉得陌生、读不准字音的字，都查一遍字典，确保每个字都读准确；其次是按照姓氏和性别排序，这样不仅能记住学生的姓名，还能把班上各姓氏人数的占比，以及男女学生的比例搞清楚。

2. 让学生觉得自己很受重视。人性的本质就是渴望得到他人的认可和重视。我把学生的姓名记牢了，等到开学，学生坐在教室里，即便我对他们感到非常陌生，我照样可以"点兵点将"：晏靖成、莫嘉成、曾俊宇、张焱一、张智博、徐俊昌……你们这群男生去2栋音乐室把新教材抱回教室；李倩婷、何雯欣、邓能静……你们几个女生负责发放书本。学生听到我准确地叫出他们的名字并给他们分派任务，他们的内心会因为被老师重视而感到激动！学生一激动，就容易心动，就会对我这个空降进班的老师产生好感，师生关系的建立就迈出了成功的第一步！

3. 分析学生姓名的独特之处，生成师生的交往密码。记住学生的姓名之后，我就开始琢磨那些名字的独特之处，顺便给学生取些好听的绰号。比如晏靖成，成绩好，期末考试进了年级前十，名字好叫，又具有阳刚之气，还没见到本尊，我就已经很喜欢他了。他的名字跟陈塘关总兵李靖的名字有一字相同，于是我给他取了一个昵称：晏总兵。又比如张焱一，我其实是认识这个男孩的，他的父亲跟我是同事，在校园里我偶尔会碰到他跟他父亲一起去食堂吃饭。他在我面前很拘谨，于是我叫他三火君，希望手持三把火的他能热情奔放一些。至于女孩嘛，我喜欢抽取她们名字里的一个字来重叠，比如倩倩、静静、雯雯……

在庄严的场合中调兵遣将、安排任务时，我当然直呼其名，除此之外，我都叫孩子们的昵称。昵称可以拉近师生之间的距离，并且充满生活气息，能使人产生幸福感。

不论是年轻班主任还是资深班主任，你要去结识一群孩子，就一定要做充分的准备。记住他们的姓名，从姓名中看出深意，喊出趣味，学生就会发自内心地喜欢你。

青少年的理性思维尚未发展成熟，很难多维度地评价人或事。他们喜欢了，那就是真心实意的喜欢；不喜欢，就会惹出很多事情，让人无力招架。

树立底线意识，设置合理底线

底线，即你能接受的最低限度。为自己设置合理的底线，就是为自己准备一套坚不可摧的盔甲，让别人不敢也不能轻易伤害自己。固守底线，才能让自己过得安全、愉快、轻松。

我经常对学生说，你要做个好人，但不能做滥好人；你要善良，但不能随便善良，你的善良必须有锋芒。这里的"锋芒"，就是你为自己设置的底线，也是为自己准备的坚不可摧的盔甲。

那么何为底线呢？它是指你能接受的最低限度。比如，作为一个老师，我能接受学生的质疑，也能接受学生的批评，但绝不接受学生对我的辱骂和殴打。假如学生辱骂或殴打了我，不管什么原因，我必追究到底。批评就是我能接受的最低限度，比批评更严重的行为，就超越了我的底线，我绝不接受。因为我有底线，有保护自己的盔甲，所以别人不敢轻易伤害我。

据我观察，不少学生要么把别人的心灵场所当作自己的跑马场，任意踩踏；要么放任别人进入自己的心灵场所随意践踏。欺负人的，或者任人欺负的，竟然都没有觉察到自己存在的问题。这也就是我常说的，伤人不觉耻，受辱不觉知。为什么会这样呢？因为很多学生没有底线意识，也不知道怎么设置底线。

那么一名未成年学生该如何为自己设置底线呢？下面就让我这个一直跟青春期学生打交道的资深班主任，给大家支支招吧。

1. 身体底线

身体是我们在这个世界上使用时间最长的工具，也是我们赖以生存的本钱。因此，我们必须设置明确的、不可突破的底线。哪些底线是合理且必要的呢？

（1）凡是裤衩、背心覆盖的地方，绝不允许他人触摸。

（2）身体的隐秘部位绝不允许别人偷窥或触碰，同性也不可以。

（3）脸部不允许他人抚摸或拍打。

只要有人对待你的方式越过了上述底线，你就要大声抗议，甚至厉声呵斥。你不发声、不揭穿，别人就会认为这些行为没有问题，在你面前就会越来越放肆，甚至可能侵害你的人身权益。

2. 语言底线

马歇尔·卢森堡认为，也许我们并不认为自己的谈话方式是"暴力"的，但只要用心体会各种谈话方式带给我们的不同感受，就会发现有些言语比肉体创伤更令人痛苦。中国也有句俗话：良言一句三冬暖，恶语伤人六月寒。语言暴力虽然不攻击身体，但是诛心，给人的情感与精神带来巨大的伤害。因此，咱们一定要设置语言底线，规避语言暴力。

（1）我惹你了，你可以骂我，但不允许说脏话，不允许辱骂我的父母及祖宗。

（2）可以开我的玩笑，但不允许开恶意的玩笑，以及给我取带有恶意的绰号。

（3）可以批评我，但必须实事求是，不可以颠倒黑白，更不可以践踏我的人格和尊严。

（4）可以评价我，但必须客观陈述，不可以歪曲事实，对我评头论足，否定我的人品。

如果有人突破你设置的语言底线，对你施加语言暴力，你不要害怕，要严正地予以警告："我不骂你，不代表我不会骂人！如果你执意踩踏我的底线，我对你绝不客气！"发出自己的声音，表达自己的不满，才能为自己赢得尊重。

3.心理底线

每个人心中都有秘密，有些秘密可以分享，有些秘密却不可以示人。如果有人肆意打听你的隐私，窥探你的秘密，你一定要有所警觉，要发出不满乃至抗议的声音，要求对方收起他们的窥探欲，停止对你的骚扰。那么学生应该从哪些方面来设置心理底线呢？

（1）不允许别人窥探、谈论、传播自己的隐私。

（2）不允许别人拿自己的事情造谣、传谣。

（3）不允许别人对自己实施PUA（一段关系中一方通过语言否定、精神打压的方式对另一方进行精神控制）。

特别要远离那种打着友谊的幌子来窥探你的秘密的人。他们貌似很关心你，对你嘘寒问暖，与你走得很近，向你探听各种秘密。你的心一软，把藏在内心深处的所有秘密都告诉了对方。在不久的将来，你很有可能会成为一个被众人围观的人。当然，不是所有的人都这么不靠谱。但作为未成年人，他们的心智还没有成熟到可以悟出"守住一个秘密比泄露一个秘密更重要"的程度。

4.财物底线

中国有一句俗语，就是"人为财死，鸟为食亡"。话虽糙，但理不假。在财物方面没有底线是很容易伤感情的，甚至会出人命。我记得童话大王郑渊洁家有十条家训，其中第八条就是：不借钱给别人和不向别人借钱。对此，我表示赞同，但行事时也略有不同。我个人在财物方面也设置了底线，凡是超越我的底线的要求，我一句"对不起，我做不到"就打发了。那么在财物方面，孩子们设置哪些底线比较合适呢？

（1）凡是私人物品，他人没有经过自己的同意不允许随便动用。

（2）借钱可以，但不可超过自己的可承受范围，并且借款人必须写好借条，注明归还时间。

（3）没有经过父母允许，家中贵重物品绝不外借。

关于借钱、借物这种事，我一直秉持的原则是：救急不救穷，亲兄弟也要明算账。有人说，物质界限太明显了，会显得人小气，太伤感情。事实上，大多数的兄弟阋墙、朋友绝交，都跟缺少财物方面的底线有关。

5.交往底线

进入青春期的学生，把朋友关系看得比亲子关系都重，有些学生为了迎合朋友的低级趣味，不惜把自己也变成低级的人。这样一来，朋友可能保住了，自己的人生却毁了。这样的交友方式缺乏理智，没有底线，交友成本实在太大，非常不划算。设置底线，理智交友，才是聪明之举。那么关于交友，学生设置哪些底线比较合适呢？

（1）习惯差的人，比如不听课，不写作业，满口脏话，随地吐痰，对人没有礼貌的人，不可与之交往。

（2）品德差的人，比如撒谎、欺骗、偷东西、恶作剧，甚至欺凌他人的人，不可与之交往。

（3）缺乏上进心的人，比如得过且过，做什么都提不起劲，一副无所谓的样子的人，不可与之交往。

（4）懒惰成性的人，比如逃避劳动，逃避学习，整天无所事事，沉迷于吃喝玩乐的人，不可与之交往。

（5）搬弄是非的人，比如拉帮结派，背后说人闲话，造谣传谣，说话影射他人的人，不可与之交往。

虽然青春期的学生把朋辈关系看得很重，但如若遇到存在上述行为的人，我还是真诚地建议学生不评价、不指责，不与之交往。俗话说"人上一百，形形色色"，每种人都有存在的理由。超越自己底线的人，远离即可，不可伤害。

6.感情底线

当代小说家柳青说："每个人精神上都有几根感情的支柱——对父母的、对信仰的、对理想的、对知友和对爱情的感情支柱。无论哪一根断了，都会心痛的。"但如果对方不尊重你的感情呢？他仗着你们的关系很要好，就随意消费你的感情，你愿意吗？如果不愿意，那么你就要设置明确的感情底线。我的建议如下：

（1）与朋友交往，感情再好，都不允许对方窥探并传播自己的隐私。

（2）与异性交往，感情再好，都不允许对方对自己进行精神虐待。

（3）与父母相处，亲子感情再好，都不允许对方掌控自己的一切。

（4）与老师相处，师生感情再好，都不允许对方随意否定或打压自己。

我抛出来的这些底线，更多是依据我自身的感受，未必完全符合学生的需求。因此我只能算是抛砖引玉，希望每个学生都牢记，若想在红尘俗世中过得安全、愉快、轻松，你就必须设置属于你的底线，并且固守底线。

培养学生自律有妙招

自律是指对自我严格要求，即学生在无人督促的情况下，也能把自己的事情做完。学生自律能力的强弱，与其父母早期训练是否到位有很大的关系。班主任能做的，是在原有的基础上创设各种教育情境去强化学生的自律能力，找到获取生命能量的方法。

作为班主任，我们要不要把所有的心思都拿去控制学生呢？刚入职时，我确实会想尽办法控制学生，并且效果还不错。但我逐渐发现，我与学生的关系特别疏远。我每天躬身入局，鞠躬尽瘁，却感受不到当班主任的快乐。我感到心累，特别想要逃离。我知道是我用力过猛，总想管好学生，到头来却把学生推得更远。

于是，我开始改变，把控制学生的时间和精力拿去培养学生的自律品质。我相信，只要班上大多数学生拥有了自律的品质，我就可以逐渐放手，最终让学生走向自我发展的道路。

那么，自律究竟是一种什么样的品质呢？简单说，自律就是对自我严格要求，没有完成任务绝不会轻易罢手。即使无人督促，学生也能把自己的事情做完。现在的学生，最大的问题就是自律能力很差。这原本是其父母的早期教育课题，但很多父母都错过了培养孩子自律意识的最佳时机。很多一线班主任也因为学生缺乏自律性而苦不堪言。

那么，班主任该如何补救呢？

首先，班主任自己得是一个超级自律的人。如果班主任自己都是一个特别随性、拖拉、散漫的人，他就很难引导自己的学生变得自律。以我为例，出勤方面，我永远都是最早到的老师，并且从不迟到早退；教学方面，不管对教材多么熟悉，我都会认真备课；给学生布置的家庭作业，不管有多少，我都会认真评阅，并且还会亲自做一遍。我的自律虽然影响不了所有学生，但也令一大半学生折服。慢慢地，这些学生的自我管理能力就增强了。加上我及时地对学生的自律行为进行正反馈，他们就越发地自律了。我们班的鹏鹏、锋锋、淳淳、诚诚等学生，就是在我的影响之下，成为超级自律的典型代表。听课、做作业、运动打卡、打扫卫生，哪一样都不需要我这个班主任操心。只要是分内之事，他们必定兢兢业业地完成。久而久之，这些孩子未来一定有不错的发展。

其次，班主任要帮助学生找到自我价值感。据我30多年的教育观察，我发现那些做事效能感强的学生更加自律。相反，那些学力不足、能力不强的学生，就很容易放任自己，甚至主动选择摆烂。课堂上那些不守纪律的学生，多数在学习上有困难。作业写不好或者直接不写作业的学生，多半也是因为学力较差、能力不强，在班上缺乏存在感。美国心理学家阿尔伯特·班杜拉认为，自我效能感强的人会给自己设置较高的目标，有很强的完成目标的动机，情绪状态也比较积极，还会主动选择一些富有挑战性的活动，以不断提升自己的效能感。换一种说法就是，自我价值感高的人，更容易自律。针对不同的学生，我采用了不同的策略来提升学生的价值感。对于智力水平高，理解力和记忆力都很强的学生，我在学业上"穷追猛打"，让他们有一种"我立的是学霸人设，必须时刻维护"的自我需求。对于基础薄弱，理解力和记忆力都欠佳的学生，我促使他们在各自的特长上找到价值感。对于能言善道的学生，我给他们表达的机会，让他们成为班里最会说话的人。对于有运动天赋的学生，我让他们参加相应的社团，代表班级和学校去参加比赛。对于有绘画和书法才能的学生，我给他们创造开画展和书法展的机会。对于有音乐天分的学生，我把艺术节的组织权交与他们，并且经常拿某著名音乐学院去激励他们。对于天分尚未显露的学生，我就为他们创造一些做事、跑腿的机会，让这些学生觉得自己对班级有很大的贡献，从而找到自己的价值感。

再者，班主任要快速行动，将大目标分解成小任务。有人说"态度决定一切"，以前的我是认可这句话的。但在与学生打了几十年交道之后，我觉得这句话一点都不靠谱。在面对教师安排的任务时，绝大多数学生的态度都很好，嘴上答应得特别干脆，行动上却无比拖拉，这就是典型的心口不一。自从明白这一点之后，我特别不喜欢学生向我口头表态，我要的是立即行动，哪怕学生做出来的事情漏洞百出，也好过光说不练。因此，我经常在课堂上训练学生：我先把任务安排下去，接着要求学生将任务拆分成小目标，并立即行动。比如复习课上，我要求学生集中精力完成八年级下册的古诗词默写。这是个笼统的任务，每个学生掌握诗词的程度不同，不能要求他们的进度一样。于是我让学生翻开教材的目录，看着标题在脑子里默背诗词，背完的就放过，背不出来的就打一个钩。然后对勾出来的诗词进行目标分解。第一个目标是确保流畅地背诵出来，第二个目标是确保正确无误地默写出来。

目标分解完成之后，我还会在下课前 5 分钟按照考试要求检测学生对全册古诗词的掌握情况，总分 10 分。我把这些任务布置完毕，学生立即行动起来。学生能够自律，不是因为他们的意志力有多强，而是因为他们能做到。班上的 13 名学生很难保质保量地完成家庭作业，科任老师责备他们不自律。我认为这不是自律与否的问题，而是他们的能力与作业的难度不匹配。严格地说，问题不在学生，而在于教师任务分配不当。

最后，小处着手，大处改变。"哪怕对自己的一点小小的克制，也会使人变得强而有力。"我对这句话深有同感。我的学生都是未成年人，涉世未深，视野窄，格局小，还不懂得克制对个人而言有多重要，因此比较随性，总认为自己当下的所作所为都是对的，可结果大都不尽如人意，于是又很容易颓丧。我一般不评价他们的言行，更不会把他们的言行与"缺乏克制，不懂自律"挂钩。我只是从一些小处着手，让他们提高行动力，而不是沉醉于想象。我具体做了哪些改变呢？

1.安排自律能力强的学生与聪明但自律能力较弱的学生成为同桌。人是最容易被氛围影响的生物，所谓"跟着好人学好人，跟着巫婆跳假神"就是这个意思。

2.利用班会课让学生列心愿清单。学生按照"重要又紧急、重要而不紧急、紧急而不重要、不紧急也不重要"的分类列出心愿清单，然后逐一删除与自己关联不大的心愿，留下与自己紧密相关的心愿。学生知道自己最想要的是什么，就会与自己的不良习性对抗。在自律变成习惯之前，学生每走一步，都在对抗本性中的散漫，都是极其痛苦的。因此，学生要培养自律的好习惯，必须得到成人，尤其是老师的帮助与鼓励。

3.采取辅助手段，远离诱惑。我告诉学生，每当用电脑写作或者备课时，我都会把手机调成静音，放在我看不到的地方。为什么？因为即使是像我这样自律的成年人，也有意志力薄弱的时候，容易被诱惑。与其考验自己的意志力，不如承认自己禁不住诱惑，自觉地远离诱惑的源头。我要管理体重，追求健康，可我又很喜欢吃甜食，怎么办？我就告知家人不要买甜食回家，我逛街遇到面包店都绕道而走。有人说，你这样也太辛苦了，为何不随心所欲？因为我知道健康比口腹之欲重要，所以我必须自律。当我支撑不住的时候，我就采取辅助手段，自律性也就逐渐增强了。我现身说法的目的就是要求学生把与学习无关的东西从课桌上拿走，把干扰自己注意力的东西转移到别处去。

学生自律能力的强弱，与其父母早期训练是否到位有很大的关系。班主任能做的，只是在原有的基础上进行补救。同样的方法，对有的学生有效，对有的学生则无效。因此，班主任需要创设各种教育情境去强化学生的自律能力，找到获取生命能量的方法。唯有这样，教室里的生命才会散发出自律之光。

科学训练，提高学生的注意力

"舒尔特方格"不仅可以测试和训练学生的注意力，还可以有效拓展视幅。随着练习的深入，视觉能力提高，受训者的认读速度会大大提升，乃至达到一目十行的效果。

自我中途接手某班，科任老师下课之后都会在我耳边念叨："这个班的孩子啊，品性真的好，就是容易走神。还不是一个两个容易走神，而是全班都走神，都已经初三了，还不知道收心，我真担心他们明年没书读啊。"我反问科任老师："那你上课时有没有采取一些措施把学生的注意力拉回来呢？"科任老师答道："我每节课都要招呼两三次，讲两三次道理，嘴巴都已经挂到学生耳朵上了，可他们不听啊。"

其实在我上课时，学生游离课堂的现象也非常严重。即使我生性活泼，课上得生动有趣，不少学生听着听着也会走神。但我没有唠叨，我知道就算我讲的是放之四海而皆准的道理，他们也不可能马上集中注意力。

一般来说，12岁之后，孩子的注意力能维持的时间基本达到正常成人的水平。我们班学生的平均年龄为14岁，理论上来说，他们和正常成人一样，是可以自己控制注意力的。可是，这些学生表现出来的状态却是不可控，他们的注意力就像脱缰的野马，任意狂奔。我经常看到这样的现象：不少孩子坐在教室里，不吵不闹，不违规，不影响同学，盯着面前的书，貌似认真，实则神思早已游离于书本之外。

这么看来，这些孩子的注意力再也无法集中了？他们没救了？我不相信！任何问题都有解决的办法，只是我们暂时没有找到而已。我查阅了不少资料，得知注意力虽然随着年龄的增长而增强，但也与心理因素、环境因素、教育模式等有关系。因此，注意力是可以通过训练来提高的。

于是，我想明白了增强孩子注意力的方法，那就是把唠叨变成训练。

首先，我开诚布公地对学生说："同学们，你们从早到晚坐在教室里，不吵不闹、不违规、不惹事，怎么看都是乖孩子。为什么这样一群貌似努力的乖孩子，却难见优异的学习成绩呢？你们知道这是为什么吗？"

学生都疑惑地望着我，不解地摇摇头。

我说："据我观察，一节课上，十之八九的同学都在走神，并且是反复走神。大家想想啊，一节课才多长时间？大半的时间你都在走神，剩下的那点时间又能学习多少知识呢？课堂低效甚至无效并非因为老师讲得不好，而是因为大家注意力不集中。"

我这么一说，学生马上议论纷纷，互相询问。一个学生还大声说道："就是啊，我每节课都要走神，要是老师不提醒，我可能一节课都在走神。"

课下我做了调查，调查结果显示，超过2/3的学生对于自己无法集中注意力感到烦恼，但他们又没有办法，所以只好放任不管。

于是我拍着胸脯说道："没事！老师可以教你们一些方法，你们按照这些方法练习，一定可以提高注意力。"学生听后，都满怀期待地望着我。

我说："首先要明确一点，注意力的高低决定学习成绩的优劣，因此，你一定要有意识地告诉自己集中注意力，强迫自己集中精力去听老师讲课。你可以采取一些适合自己的笨办法，比如在书本上写'注意力要集中'或者在手心上写'集中注意力'，再或者请同学提醒你。很大程度上，你必须自己克服注意力无法集中的难题，别人只能起到协助的作用。

"其次，要对自己有一个正确的认知，确立目标，并将目标贴在桌角，随时警醒自己。走神的时候，赶快看看自己的目标，想想自己离目标是越来越远了，还是越来越近了。

"再次，要增强自信心，相信自己一定能克服这个毛病。一个不能战胜自身弱点的人，毋庸置疑，是一个懦夫。

"这些都是心理层面的方法，需要自己去实施。其实，还有一些行为训练。比如晨读，从现在开始咱们就规定，每个人读书的时候必须眼看书，手拿笔，嘴巴念叨，手指比画。这个办法虽然笨拙，但有实效。你们看的是教科书，又不是小说，别说你们，老师看久了都会因为枯燥而走神。所以，动眼、动口、动手是克服走神最有效的办法。总之一句话，你要让自己沉浸在做事中，而不是沉浸在神游中。一个坐着纹丝不动的人，不胡思乱想还能干什么？

"课间，同桌之间可以互相督促，用'盯点法'来训练自己。怎么做呢？就是盯住教室里的某一个物体，看着这个物体，想着这个物体，排除其他的杂念，假以时日，也会收到良好的效果。"

习得这些方法之后，再加上我的不懈监督，学生上课时注意力明显提高了。但由于学生已经养成走神发呆的习惯，所以，他们的表现离我的预期目标差得实在太远，怎么办呢？

我还知道一种训练孩子注意力的好办法，那就是"舒尔特训练法"，具体做法是：在一张方形卡片上画上 25 个 1cm×1cm 的方格，格子内任意填写阿拉伯数字 1—25，共 25 个数字。测试者按照数字顺序迅速找全所有的数字，平均每个数字用时 1 秒，则成绩为优良，即 9 格用 9 秒、16 格用 16 秒、25 格用 25 秒。训练时，测试者用手指按 1—25 的顺序依次指出其位置，同时诵读出声，施测者在一旁记录所用时间。数完 25 个数字所用的时间越短，则表明其注意力水平越高。

"舒尔特方格"不仅可以测试和训练学生的注意力，还是有效拓展视幅的方法。练习的时间越长，看表所需的时间会越短。随着练习的深入，视觉能力提高，受训者的认读速度会大大提升，乃至达到一目十行的效果。

如果能得到家长配合，此方法的训练效果会很好，但纯粹依靠家长显然不现实。班上有那么多注意力不集中的学生，靠我一个人来训练也不现实。怎么办呢？俗话说"群众的力量是无限的"，这是一个非常有趣的训练，我完全可以让学生利用课间休息的时间互相训练，互相监督。于是，我将方格纸发给学生，让他们两人一组，互相用"舒尔特方格"训练。学生兴趣高昂，一下课就互相训练，接连训练了三周，效果超出预期。

很多时候，老师教育学生都喜欢采用讲道理的方法，讲一次没效果，又继续讲，讲的次数多了，就成了唠叨，很容易令人厌烦。就算有些学生能强忍老师的唠叨，按照老师的要求去改变自己，他们也会很快发现那些道理全是空洞玄虚的，根本不可行，于是雄心壮志化为乌有。我个人历来的做法就是不唠叨，少讲道理，传授学生解决问题的具体方法，并进行训练，这样做效果往往超出预期。

巧设学习氛围浓厚的"场"

与其抱怨学生不爱学习，不如给他们"养"一个学习的"场"。在这个场域里，尖子生会自主闯关，中等生会逐渐进步，行为差的学生会加以收敛，学习困难的学生会自觉出路。

"场"是什么？著名心理咨询师陈海贤说："所谓'场'，就是我们心中的一个关于'空间功能'的假设。在这个假设里，图书馆、自习室或者写字间是和工作学习相联系的；而家、宿舍是和休息娱乐相联系的。"陈海贤还说了一个现象：学霸都是成群结队的，喜欢去图书馆和自习室；而成绩不那么理想的学生，往往有严重的拖延症，通常喜欢"猫"在宿舍里。陈老师认为，其中虽然未必存在因果关系，但至少可以说明学生所在的"场"与学习效果之间有着密切的相关性。

我作为一个资深班主任，也深入观察过班级学优生与学困生在智力以外的不同表现。

1.学优生喜欢待在教室里，放学后也不着急回家，他们会耐心地把各科家庭作业整理清楚并记在本子上，也会跟其他的学优生讨论习题。与之相反，班里的学困生除了上课时间，很难待在教室里，即使待在教室里面，也是要么发呆，要么打闹，要么看一些与学习无关的东西。课间，他们有时候还会滞留于学校小卖部，铃声响两遍了才慢腾腾地进教室。放学铃声一响，甚至还没响，他们的心就飞出了教室。

2.学优生的课桌大多干净整齐，基本上没有分散注意力的东西，他们的书本也放得很整齐。反观学困生，课桌上书本、试卷散乱，课外书、镜子、化妆盒、小玩具等分散注意力的东西在他们的桌面和抽屉里随处可见。

3.学优生的座位下面以及座位周边都保持得很干净，而学困生的座位周遭则乱七八糟，地面也很脏。

除此之外，我还观察到与"场"有关的两个现象：

1.班里那些容易生病的、缺乏生命活力的学生，其座位周遭大多又脏又乱，桌面以及抽屉里的东西摆放得特别杂乱。

2.班风差、学风颓的班级，教室里通常布局混乱，地面垃圾随处可见，垃圾桶里的垃圾堆成了山。

这些都可以用"场"来解释。我们给自己制造了一个什么样的生命场，我们的生命状态就是什么样子的。

我在四川农村学校教书的时候，一对农民夫妻对我的影响颇深。他们虽是农民，但下地干活会穿工作服，收工回家会换上干净的衣服，干粗活、重活时会戴上帆布手套。冬天，别的农人双手粗糙甚至皲裂，这对夫妻的手却看起来光滑、细腻。

他们家的房子是石板砌的墙，黑瓦盖的顶，看起来特别简陋，但非常干净。房子周边种着各色花草，虽不名贵，但看着可人。我进过他们的房间，每间房都很干净敞亮，关键是每个房间都有名字。我现在虽然不记得每个房间的名字，但很清楚地记得，房间的名字跟房间的功能非常匹配，堂屋的名字大气磅礴，卧室的名字清新秀雅，厨房的名字透着油盐酱醋茶的烟火气息。

他们家的鸡、鸭、鹅不是散养在房屋周边，而是圈养在屋后两丈远的竹林里。猪圈不是紧挨厨房而建，而是独门独户，建在菜园一角。很多农户将柴屋与卧室并用，上面搭柴楼，下面铺床被，搞得卧室里昼夜难分。他们家的柴屋则是傍着正屋转角而建，既不影响主妇取柴火，也不影响院落的整洁美观。

特别值得一提的是，他们还给孩子布置了一间书房。这间书房非常简陋，里面放的是孩子的课本和作业本，没有其他影响孩子学习的东西。

这对夫妻的文化程度不高，对教育也缺乏深度理解，但是他们的孩子学习特别优秀，情商也特别高，真是"人见人爱，花见花开"，一路高歌猛进考上了211大学。

陈海贤认为"场"并不玄虚，它就是一个人在一个空间里的做事习惯，习惯会使人形成稳定的心理预期，进而又会巩固行为习惯。

既然"场"如此重要，我是不是也应该给学生"养"一个学习的"场"呢？回答当然是肯定的。

班上的学生在学习上颇有"与世无争"的上古遗风，他们都懂学习的重要性，但是没有足够的心力和专注力来学习。个别学生确实是因为基础太差，或者出于其他原因，所以有心无力。但多数学生具备一定的学习能力，他们的学习状态仍然不尽如人意。如果能让这部分学生置身于一个学习氛围浓厚的"场"里，那么他们的专注力和毅力就会更强，学习的效果也会更明显。具体怎么做呢？

1. 在意识层面反复向学生强调：教室就是学习的地方，一切与学习无关的事都必须在教室外完成。

2. 保证教室这一学习场所的干净整洁。桌子摆放整齐，桌面收拾干净，地面没有垃圾。在容纳几十人的教室里做到这几点很不容易，但我相信，只要班主任把它们当作"大事"来对待，就一定能执行到位。

3. 让教室的墙壁"说话"。说什么话？当然是关于学习的话，比如教室的左右柱头上分别写着"风吹雨打不弯腰""泰山压顶不动摇"，左右墙壁上则各张贴着"静听则明，静心则专，静思则通，静坐则宁，静默则熟"的标语，教室前墙的上方贴着"专注力、行动力、忍耐力、坚持力"的标语。一个人想要拥有璀璨的人生，没有这"四力"打底基本就是痴心妄想了。教室后墙的上方贴着"所有的成功都离不开个人的努力"的标语。我相信，有些人的成功并非完全靠努力，但作为一个成熟且具有成长型思维的班主任，我应该教未成年的学生重视后天努力。

4. 所有与学习无关的东西都不允许放在桌面上或抽屉里。因为人的注意力很容易被分散和转移。此外，学习以外的东西放在课桌上也会减弱"学习场"的能量。

5. 老师必须是一个勤奋的学习者。老师本身就自带"场"的能量，如果又热爱学习，就会增强教室这个"学习场"的能量，使学生重视学习。

6. 学生在教室里应该得到更多关于学习上的肯定。即便置身于学习的"场"内，如果没有得到及时的正反馈，学生的积极性也会受到打击，学习的欲望和能量都会减弱。

7. 加强课堂纪律的管理。有些学习基础不好、学习兴趣不浓、学习态度不端正、缺乏公共意识的学生，特别喜欢在一些性格温和、课堂管理能力较弱的老师的课堂上讲话，严重削弱"学习场"的能量，导致一些意志薄弱、抗干扰能力差的学生变得懈怠，随波逐流，最终沦为学困生。对于这种肆意削弱"学习场"能量的行为，教师不可姑息。

对于学习而言，虽然基因的作用很重要，但基因以外的其他因素也不可忽视，比如外部的环境系统，内部的动力系统等。

因此，与其抱怨学生不爱学习，不如给他们"养"一个学习的"场"。在这个场域里，尖子生会自主闯关，中等生会逐渐进步，行为差的学生会加以收敛，学习困难的学生会自觉出路，真正做到各得其所，各美其美。

把疑难问题当作课题研究

一线班主任在工作中可能遇到的疑难问题我都会遇到，我也会感到头疼，甚至无能为力。只是，不管遇到什么问题，不管这个问题多难解决，我都不会抱怨和放弃。我会把这些难题变成我的研究课题，通过调查、分析、研究，找到正确的解决之道。

2009年11月，我中途接手一个初二班级。这个班的一个男孩在作文本上写了这样一段话："别人骂我一句，我就打他一耳光；别人打我一耳光，我就砍他一刀……"看到这段狠话后，我立即去找他的前任班主任了解情况。

我从前任班主任那里得知，这个男孩价值观扭曲，行为失控，经常殴打男生，挑衅女生，与老师大打出手。他还经常把刀带到学校威胁同学，甚至潜入坟场，钻进坟墓，把死者骨头带回教室，吓唬老师和同学。他平生最大的愿望就是去当盗墓贼、发横财。我的同事都说，对这个孩子最好的教育就是放弃。可我不想放弃，我不想他变成一个只知道好勇斗狠的人。在我的教育价值观里，转化一个特殊学生与培养一个大学生同等重要。

于是，我决定把这个学生当作我的研究对象，把他的所有问题当作我的研究课题。我相信，只要我带着研究的心态，用科学的方法去研究这些问题，就一定能够找到解决之道。

既然是研究，我就要根据男孩的行为不断地提出疑问，然后逐一求证，并匹配相应的改进方案。

究竟是什么样的父母才养育出这样一个孩子？他的原生家庭是什么样子的呢？他的家庭关系又是怎样的呢？

带着这一连串的疑问，我多次走进他家，对他的家庭成员以及周边的邻居都进行了访谈。我从他的奶奶、爷爷、父亲、姑姑等亲人口中得知，这个男孩出生后没多久，他的母亲就离家出走了。他的父亲为了生计长期在外打工，无暇照顾他。他的奶奶对他比较严苛，对他的评价基本上都是消极负面的。他的爷爷（后爷爷，亲爷爷在他七八岁时已过世）则非常讨厌他，认为他好吃懒做，惹是生非，不堪造就。姑姑虽然怜惜他，但毕竟外嫁，自己的家庭负担也重，没法管束和教育他。他的邻居们都不看好他，说这孩子长大后要把牢底坐穿。

从上述访谈中，我找到了孩子问题的根源所在。他生活在一个缺爱的家庭，情感缺失，价值观混乱。

他缺爱，我就投其所好，给予他充足的爱。这份爱，既是师爱，也是母爱；既有接纳，也有懂得。很快，他就对我产生了信任感和依赖感。

待男孩对我心服口服、言听计从时，我就帮他重建价值体系，教他明辨是非。比如他以前带刀上学，因为在他的认知里，他认为身上藏着刀具很酷，可以当老大，可以吓唬人，还可以保护自己。我就告诉他，这个想法是错误的。带刀上学，不仅违反学校规章制度，还会吓到同学，导致自己没朋友，更重要的是，老师也会感到害怕，无法接受这种行为。他特别在乎我的感受，因此对我的建议没有产生丝毫抵触情绪，而是愉快地接受了。自那以后，他再也没有把刀带到学校。

除了访谈，我还阅读《青少年心理学》，从中找到了其行为背后的心理原因。原来，各种不良行为的产生，均是因为男孩长期被忽略，心中缺爱。身边的抚养人和教育者对他缺乏正确的价值引导，使得他言行乖张，无法与周遭的人和事共情。还有，他不善于与他人建立关系，学习成绩又不好，不知道怎样与自己、与他人、与这个世界和谐共处。

从男孩的种种行为，我联想到了《神雕侠侣》中的杨过。杨过明明是一个"问题学生"，后来却成长为神雕大侠。是什么让他脱胎换骨，活成了世人景仰的样子？我反复分析了杨过的成长经历，从中找到了转化特殊学生的三个策略。

其一，在杨过十三四岁，也就是人生最关键的时刻，郭靖找到了他，并把他带回了桃花岛亲自教导。郭靖帮杨过建立正确的价值体系，让杨过从一个小混混变成了好孩子。他就是杨过生命中的重要他人、精神教父。班主任就应该像郭靖一样，成为学生生命中的一盏明灯，前行路上的重要他人，精神世界的守护者乃至创造者。

其二，杨过年少失母，心中缺爱，情感世界一片荒芜，但他遇到了孙婆婆和小龙女。孙婆婆无条件地爱杨过，甚至为了救杨过献出了自己的生命，小龙女则给了杨过亲情、友情、爱情。一老一少两位女性，让杨过的情感世界变得饱满而丰盈。如果一个人的情感世界非常饱满，又有强大的外部支持系统，那么他绝不可能变成一个坏人。因此，班主任要像孙婆婆一样，无条件地爱自己的学生，让学生的心灵得到爱的滋养。

其三，杨过还遇到了他生命中最重要的教练——雕兄。雕兄与杨过亦师亦友，既管束他，又呵护他；既做教练，教他绝世功法，又做陪练，帮他巩固所学的每一招、每一式，让他在云谲波诡的江湖里不仅有力自保，还能行侠仗义。班主任以及科任老师也应该像雕兄一样，除了给予学生爱，帮他们建构价值体系，还要传授他们应对各种问题的技能。

我通过访谈找原因，阅读心理学相关书籍找理论，再从杨过的成长经历中总结转化特殊学生的规律，总算找到了改变男孩的正确方法。最终，在我的教导与影响下，男孩脱胎换骨，成长为一名光荣的武警战士。

仅仅把男孩拉回正轨，那样充其量叫解决问题，而不算形成课题。因为课题不仅要有过程，还要有成果。于是，我把自己与男孩之间发生的点点滴滴撰写成文，在撰写的过程中不断反思，不断总结，最终形成转化特殊学生的科学方法。

经历了从问题到课题的过程，我再也不害怕学生出现问题了。因为每一个看起来棘手的问题，对我来说都是有价值的研究课题。

不要与学生当众对抗

青春期的孩子，总是有些敏感，教师绝不能当众撕破他们的脸皮，以免激起他们的叛逆之心。班主任若想建立起威信，就一定要提升自己的表达能力，修炼说话的技巧，努力与学生建立健康和谐的师生关系，之后才能轻松化解管理中的各种矛盾。

让青春期男孩去理个发很难吗？很难！很多男孩都认为学校要求的短发看起来很傻。还有男孩说："长发里翻着些许头屑，再加一点儿油光，又颓废，又破碎，看起来特别帅。学校偏偏要求我们把头发剪短，说这样整个人看起来又阳光又有朝气，可是那样还是我吗？"

看看，不过就是剪个头发，这些男孩的内心戏就这么丰富。在懂得青春期男孩的心理的人看来，这一点都不奇怪。青春期男孩最在意的就是他们的头发了。让他们剪个头发，就像逼他们上梁山一样。

那么返校第一天，学生的头发打理得怎样呢？女生很乖，略去不说。大多数男生都很配合，发型和穿着都符合要求。但也有四五个男生，头发蓬乱，鬓发已经盖耳，头顶上的头发顺手一薅就可以撸个大"炸串"。

返校前，我明明已经通过多个渠道发布了学校的要求，也温和、友好地提醒了他们，他们如今还顶着这么一个"茅草棚"，着实让我生气。他们可是初三的学生了，还让我在理发这件小事上费心劳神，实在是过分。

那么我该如何说，如何做，才能让这些意图随心所欲的孩子收敛那任性、浮躁的心呢？

青春期的孩子，总是有些敏感，老师绝不能当众撕破他们的脸皮，以免激起他们的叛逆之心。

于是，我走到一个平时很喜欢与我交流的孩子面前，打趣道："小新，如果你承认自己已经长到20多岁了，我肯定做你的'粉丝'。"他好奇地反问："为什么呀？"我笑着说："你的发型比较显老，猛一看，我还以为穿越了。"小新听我这么一说，尴尬地用手戳了戳自己的头发，说："我昨天太激动了，忘记去理发了。"我笑笑，用手指插进他的头发，再往上一提，夸张地向全班学生展示道："哇，大家快看呀，可以扎一朵大菊花哟。"

班上学生大笑起来，笑声快乐又充满善意。

我走到另外几个头发略长的孩子面前，同样把手插进他们的头发，揉搓一圈，再把眼睛凑到手前，故意睁大眼睛看，用鼻子使劲嗅，夸张地调侃道："哦哟，好油腻啊，咱们班这学期有烤串活动的话可以不用备油了。"

教室里又是一阵哄堂大笑，班级气氛和谐而愉快。那几个没有理发的男孩也忍不住笑了起来。

为何我要这样说话？我说这些话的目的无非是告诉我的学生，按照学校的要求，他们的发型不合格。即便我忽略此事，他们也无法通过本年级的仪容仪表检查，届时就会把自己置于相当尴尬的境地。

话倒是好说，关键是说了有用吗？依我对这些孩子的了解，他们往往会这样应对我的善意调侃："老师你说得很对，我深受触动，但我就是不行动，反正你这个老师特别善良，特别温和，特别理解学生。"

我既然非常了解我的学生，就不可能说完立马翻篇。我一定会给他们施加压力，对他们提出明确的要求，也会给他们选择的机会。

于是我温和而坚定地说道："我给你们两个选项，只能二选一。一是自己掌控，自个儿去理发。二是老师掌控，我亲自带你们到理发店去理发。不论你选择哪个选项，我都极力支持。当然，你不选择我给出的方案，我也不会责怪你。作为一个人，你留长发、短发，或剃光头，我都欣然接受；作为老师，学生的特立独行，我也欣然接受；但是，作为一个班主任，从管理的角度来讲，我无法接受男生留长发。留长发无所谓对与错，但一定会给大家带来困扰。"

说完，我等着看那几个长发男生究竟选哪个选项。结果男孩们都愉悦地说道："肯定选第一个啦。"我笑着说："好！咱们就这么说定了！你们干脆，我就不啰唆；你们不叛逆，我就不作妖；你们的青春期不闹腾，我的更年期就不折腾！"

第二天上学，那几个长发男孩都按要求把头发剪了，我想把他们连成串带到理发店都没机会。

为何我能在嬉笑中轻松化解这些矛盾呢？原因不难找。

1.师生关系融洽，彼此信任，相互依赖，学生在意我的感受。

2.我性格温和，态度友善，说话和气有礼，学生不抵触。

3.我在学生心中具有很高的威信，他们对我相当佩服，配合度很高。

4.我善于说话，不轻易评价学生，也不轻易激起他们的叛逆之心。

总之，班主任一定要努力与学生建立健康和谐的师生关系，在学生群体中树立自己的威信，提升自己的表达能力，修炼说话的技巧，这样就能轻松化解管理中的各种矛盾。

如何处理意料之外的事件

在我的思维体系里，我从不担心发生事故，因为我一定会从这个事故里找到教育的契机，把事故变成打动学生的故事。

每次进行专业研讨时，年轻的班主任都会向我吐槽，说现在的学生太能惹事了，自己稍不留神就会被他们制造出来的问题吓到，等到回过神来，又不知道怎么处理才得当，于是就想当只鸵鸟，假装这一切都没发生。

我的学生会不会给我制造问题呢？当然会！即便我非常重视设想，会把学生在各个阶段可能发生的事故都设想出来，并设计相应方案提前进行干预，也还是会出现预想之外的情况。那么，对于预想之外的情况，我是怎么处理的呢？从学生发展的角度来讲，学生能搞事情，说明他们聪明，有潜力，因此我并不害怕事故；从专业成长来讲，在处理这些事故时，我又获得了一次历练的机会，是我赚了；从写作角度来讲，学生制造的难题就是我写作的素材，我可以把它们写成故事。在写作的过程中，我要还原现场，分析事理，还要反思总结。在经历这些后，我的学生观和教育观逐渐变得科学合理，并且与时俱进，我甚至还能收获和谐的师生关系，以及学生的崇敬之心。

2019 年 9 月，我中途接手一个初三班级。由于我是空降的，师生关系比较疏远，加上前两年该班频繁更换班主任，该班的管理团队很不成熟，也没形成最底层的班级文化，每天都会出现让我难以预料的事故。对于这种情况，很多班主任都很苦恼，我却处变不惊，为何？在我的思维体系里，我从不担心发生事故，因为我一定会从这个事故里找到教育的契机，把事故变成打动学生的故事。

教师节前一天，我给学生上班会课，主题是"我们要不要感恩？"，课上发生了一件与"送别墅"有关的事故。那么我是怎么把事故变成故事的呢？请先看一篇文章。

锡祥同学要"送"我一栋别墅

2019 年 9 月 9 日星期一下午第 8 节的班会课，主题是"我们要不要感恩？"。对于我来说，上这样一节班会课，不仅是为了应教师节这个景儿，也是为了教会学生理性分析，做出既合乎情理又尊重自己内心的选择。

上完课，我对学生说道："明天是教师节，大家根据我今天教的思辨方式思考一个问题：作为学生，要不要向为自己付出的老师表达感恩之情？如果经你分析，你选择感恩，那就不能没有行动，真正的感恩一定是看得见的行动：一句深情的问候，一张自制的卡片，一颗甜甜的蜜饯……总之，温暖地表达自己的善意与谢意。"

待我说完这番话，学生纷纷表示：向老师表达感恩是必需的。此时，一个声音突兀地响起："我要送老师一栋别墅！"教室里安静了一两秒，接着哄堂大笑，众人的目光唰的一下转向教室门口，定在了锡祥同学身上。我立即说道："好啊，这份大礼我心领了，并且也牢牢记住了，回头我就在班级群里发公告。"

不少学生幸灾乐祸地看向锡祥，似乎在说：看你怎么收场！我继续笑着说："每个人的未来都有无限的可能性，咱们锡祥同学若干年后也许就能开一个'锡祥开发有限公司'，成为大企业家，送老师一栋别墅并不是一句大话、一个笑话。"

放学后，我当真在班级群里发布了关于锡祥送老师别墅的群公告，内容如下：

2019年9月9日下午第8节的班会课上，锡祥表示，今后要送老师一栋别墅，特此公告。希望锡祥今后努力奋斗，早日创立自己的公司。挣得大钱才能兑现诺言啊！

这个群公告引发了大家的热切关注，也引出了一些学生的消极想法。比如，一些学生认为锡祥说大话，覆水难收，嘲笑之声四起。又比如，一些学生认为我心口不一，乱忽悠，锡祥的成绩在班上可是倒数，并且他还是个"二货"，他未来能开公司？锡祥自己也很不自信，严重怀疑我说话的真诚度。

第二天上午，我在黑板上写了一句话：莫欺少年穷。接着，我说："每个人的未来都未曾到来，因而具有无限的可能！现在的成绩定义不了你，但现在的努力能塑造你的未来。无论对他人还是对自己，我们都应该用发展的眼光去看待。我有好几个学生，读书时成绩并不理想，但他们不乏正直的品行、做事的毅力与积极的心态，最后都大有作为！其中一名学生，毕业后创办了公司，不仅自己收入不菲，还为社会创造了不少就业岗位。这不是仙侠剧，这是看得见的事实！魔童哪吒不是也说，'我命由我不由天，是魔是仙，自己说了才算'，你想成为什么样的人，是你自己的选择，与别人没有关系。

"我对锡祥充满了信心，我就要投资他，我相信我的眼光！首先，他内心强大，钝感力强，这是创业者必须具备的心理素质。虽然学习成绩不理想，但他每天乐呵呵地来学校学习，没有消极自卑，搞小动作被老师批评也从不记仇。那些嘲笑和白眼，于内心脆弱的人而言，是要命的长枪短炮，于锡祥而言，那就是激励！其次，他脑子灵活，反应灵敏，虽然现在有些调皮捣蛋，但他总有长大的时候，拥有这个特点的人往往具有很强的市场灵敏度，适合创业。最后，他的人际交往能力很强，虽然成绩不好，但在班里能找到价值感、存在感，与大家打成一片，这就说明他人缘好，有亲和力。

"我认为，现在的锡祥还没有真正发挥他的潜力，就像未觉醒的哪吒一样，一旦通晓事理，唤醒埋藏在心底的'战神'，他将迸发出无比强大的力量！

"锡祥，现在最要紧的是，你要唤醒心中沉睡的'战神'啊！醒过来，为成为真正的自己而努力！"

我为何要抓住这个契机教给学生这样一个生活智慧？因为不少人看待事物都是只看眼前，而忽略了未来存在的极大的变数。

我想起了我的过去，我的小学教师和中学教师都给我贴上了"未来没出息"的标签，但我最终还是努力挣脱了标签的束缚，超出他们的预期，活出了真正的自我。我从小生活在信息闭塞的小山村，后来在偏僻的农村学校工作了18年，我的人生尚且能通过努力拼搏而翻盘。现在的学生可是生活在信息技术高度发达的网络时代，生活在经济发达、理念先进、政策红利多的深圳，他们人生的机会比我多太多了!

　　我总是对自己说，教育教学中务必牢记"莫欺少年穷"，要用发展的眼光看待每一位学生。未来的商业巨擘可能就在我们的教室里，未来大红大紫的明星可能就在那些腼腆的学生中，未来写出爆款文章的创作者很有可能就在那些喜爱"二次元"的学生中。人生，真的有无限的可能。只要我们不放弃努力，不失去希望，每个人都有可能在不同的人生阶段迸发出难以想象的力量!

　　怎么处理这件突然发生的事情，我已经在文章中详细交代。在此我想说一说这篇文章的后续故事。

　　处理完这个事故之后，我心想：这么鲜活的一个案例，这么有趣的一个故事，我为何不写出来供学生、家长以及同行阅读呢？于是，我把"锡祥要送我一栋别墅"的故事写出来发到微信公众号。幸运的是，没过多久《福建教育》的编辑发现了这篇文章，联系我说要刊发在杂志上。我把这个消息告诉全班学生，他们听了之后既骄傲又惊喜，还由此发现我写作很厉害，发表过很多文章，出版了很多专著，对我佩服得五体投地。我与学生的感情因为这篇文章而瞬间进入了甜蜜期。而锡祥也越发自信，课堂上的小动作竟然在短时间内消失了，他的家长看了这篇文章也对我充满了感激。

　　当杂志样刊寄到我手上时，我当着全班学生的面，郑重地将其中一本样刊赠送给锡祥，说："请全班同学做个见证，锡祥送我别墅的故事在2019年登上杂志。十年、二十年后，锡祥能不能送我一栋别墅并不重要，重要的是，他一定能通过自身的努力，为自己博得一个美好的未来！"

　　自那以后，锡祥越发懂事，班上其他学生也越发努力。毕业时，大多数学生都改口叫我"恩师"。他们说，虽然我只教了他们一年，但他们从我这里得到的精神营养胜过前面很多年。

巧妙调动家长的积极性

家长何尝不希望他们的孩子成为有出息的人呢？既然老师和家长的目标是一致的，那么我们之间就没有高低之分。我们必须互相借力，必须彼此尊重，必须结为平等互信的同盟，共谋学生的发展。

很多班主任说，家长是最靠不住的一个群体。他们很难全身心地投入到对孩子的教育当中。我也承认这一点，但班主任可以发出邀请，可以真诚请求，可以牵线搭桥，把家长变成自己得力的同盟。

2019年7月，学校领导安排我继续担任初三年级的班主任。我想提前做一些铺垫工作，以便在新学期快速上手。可我对新学生一无所知，对家长也不甚了解。我想找原班主任了解情况，但据我所知，原班主任是物理老师，也是中途接手该班的，并且兼任三个班的物理教学工作，可想而知她有多忙。即使她了解，也只是了解学生愿意表露的信息，而这部分信息，我一进班就能很快获知。

再说正逢暑假，原班主任已到外地度假去了，实在不便打扰。那么，我可以打扰谁？谁又非常乐意被我打扰呢？当然就是家长了。孩子换了班主任，家长即便散在各处，也很想知道我这个新班主任的教育理念如何，行事作风怎样，沟通能力强不强，总之，他们很好奇我是一个什么样的人，也想知道把孩子交给我是否能放心。只要他们对我充满了好奇，我就一定能把他们变成我的同盟。

于是，我首先找到漫怡（漫怡是我之前的学生，她弟弟俊鑫正好是我下学期要接手的班级的学生）的妈妈，请她代为通知我想与之见面的家长。

时间定于 2019 年 7 月 28 日 19 点 30 分。至于地点，学校暑期对校园进行修缮，不方便集合，漫怡妈妈最后帮我把地点选在某社区的国学活动中心。她想得很周到，不仅帮我找好了场地，还组织了几位家长当义工，更让我感动的是，他们还准备了水果，将见面场地装饰得特别温馨。

我到活动中心时，七八位家长已经到场了。我这次邀约的家长全部是学习成绩在班上居于中下层次的学生的家长。之所以首先要见这部分家长，是因为这部分学生的成绩从选拔的角度来讲，可上可下。但是这些学生的语文、数学、英语以及物理都不算太差，只是不拔尖而已，如果家长能奋力拉一把，我在学校推一把，学生自己再冲一把，来年打个翻身仗也不是不可能。关键是家长、学生、老师三方要达成共识，共同进退，才有机会打赢翻身仗。

19 点 30 分，邀约的家长来了多半。或许是因为彼此不熟悉，又或许是因为我虚名在外，家长们见到我很是拘谨。我笑着说："大家放松点，今晚咱们就是见见面，聊聊天，让你们知道有我这么个人存在，下个学期我就要陪伴各位的孩子一起成长了。"

接下来我先做了一个简单的自我介绍，然后从 4 个方面表达了我的一些想法，当然，这些想法也将是我新学期的做法。自我介绍在此略过，重点说说我的想法。

1. 帮助家长认清中考形势。每一年中考的报考人数都在大幅度增加，可学位的增加量却微乎其微。如果我们只是主观上希望孩子努力，却没有能够帮助孩子提升成绩的实际行动与方法，那么来年中考，孩子们胜出的机会就非常渺茫。

如果我不带着家长直面自家孩子的成绩，不让他们看到问题所在，不让他们了解选拔的巨大压力，那么很多家长就会美化自己的孩子，认为自己的孩子很不错，从而忽略在紧要关头去推动孩子。

2. 家校关系的定位。我下学期要带的学生就是这些家长的孩子，我希望我的学生都能成为有出息的人，那么家长何尝不希望他们的孩子成为有出息的人呢？既然老师和家长的目标是一致的，那么我们之间就没有谁高谁低，而是同盟的关系。我们必须互相借力，共谋学生的发展。我们应该彼此尊重，互帮互助。

3. 了解教育的真相。从人的成长的角度来讲，我们的第一目标本应该是培养孩子，培养孩子的好习惯和高情商，以及培养孩子应对未来人生的智慧。但是，在当今的大环境下，每个家长都很焦虑，一线城市的家长更加焦虑。这种焦虑情绪也渗进了孩子的生活里。效能感强的学生，焦虑变成了催其奋进的号角；学习成绩居于中等的学生，焦虑令他们身心疲惫，苦不堪言；还有一部分学生，他们无法承受这份焦虑，就自暴自弃。我倒不担心在选拔性考试中胜出的学生，他们能胜出，说明他们身上有很多优势，重新学习应对人生的方式对他们来说并非难事。我最担心的是那些无法通过选拔且缺乏自我认知的学生。他们既不知道自己的爱好与特长，又不愿意扎扎实实学一门技术，未来一旦不如意，他们的人生就会出现难以预料的麻烦。

所以，我们不仅要在选拔时为学生摇鼓助威，还要不遗余力地培养学生。我们既要帮助他们从书本里学到知识，又要帮助他们学习应对人生的方式。我们所做的一切不仅要立足学生的当下，更要放眼学生的未来。

4.向同盟表明心迹。既然我跟家长是同盟，那么他们就是我的合作方。我主动与他们约谈，就应该主动向他们表明我的诚意，我要向他们真诚地坦白。那么我向家长坦白了哪些内容呢？

（1）我不会轻易地请家长来学校问责。今后接到我的电话，家长不必忧心忡忡，反而可以心情愉悦地前来，因为你的孩子不是立功就是得奖了，或者是表现突出。总之，请你来学校是为了表达我的谢意和孩子们的敬意。孩子们在学校出现问题，只要不涉及法律和道德，都由我来搞定，不给家长添麻烦。

（2)我会尊重并理解每一位家长，我是个严于律己、宽以待人的人。我从来不以成绩论英雄，我会尊重事实，为每个孩子找到最合适的路，指引他们走向美好的未来。

（3）请所有家长不要怀疑我的用心，我对每一个学生都是真诚的，我希望每一个学生都能成为幸福、快乐的人。我不仅有一颗上进的工作心，还有一颗善良的教育心，我是个有教育情怀的人，很爱惜自己的羽毛，不会自毁声誉。

最后，我还请现场的家长填写了我设计的一张表格。表格的内容包含家长姓名及电话号码、家庭住址、家庭组合形式，孩子的性格、爱好、特长、学习能力，以及家长对孩子的期望等。家长填完这份表格交给我，我有空就会拿出来读一读。因此，孩子还没见到我，我就已经对他们了如指掌了。

　　填完表格后，很多家长不愿走，围着我把自家孩子的底细全说出来了，我就像看了一部漫威电影，很感慨，当然，收获也特别多。

　　一个具有成长型思维的班主任，不会抱怨家长，而是会寻找各种途径，抓住各种机会，去整合家长资源，把他们变成班主任的同盟。

向家长"告状"的策略

具有成长型思维的班主任绝不会因为家长心里不高兴就隐瞒学生身上存在的缺点，而是改变思路，换一种既不让自己为难，也不让家长不悦，同时还有效果的方法。

对于学生身上存在的缺点，很多班主任都喜欢告知家长，这是出于什么心态呢？我自己就是一线班主任，我百分之百确定班主任的这种行为没有任何恶意。班主任无非是想把学生的问题及时反馈给家长，希望引起家长的高度重视，督促孩子尽早改正缺点。这当然是班主任的本职工作，是负责任的表现。

只是，家长若总是从老师那里听到自家孩子的缺点，又会怎么想呢？

绝大多数家长听到老师数落自家孩子的缺点，即使面子上挂不住，也不会对老师有任何不满。他们会及时跟进孩子的问题，并督促孩子改正。有些家长可能还会采取一些极端措施，强行要求孩子改正缺点。但也有一些家长，当老师直言不讳地指出其孩子身上的问题时，他们不仅觉得面子上挂不住，心里还会生出怨念，事后也不会督促孩子改正。

对于家长的这种心态和行为，我表示理解，因为我自己也做过家长。我的孩子读小学时非常调皮，老师经常给我打电话反映情况。孩子读初中时虽然懂事了，但还是会搞一些小动作，时常被老师数落。有一阵子，我对孩子的班主任都有些害怕了，看见她就想绕道而行。更为夸张的是，一位同事对我说，她每次看见她儿子的初中班主任打过来的电话，都会呼吸急促，手心发凉，脑子混乱，不知道是接还是不接，好不容易鼓起勇气接了老师的电话，竟吓得大气不敢出。为什么？因为她儿子的班主任每次给她打电话，都会连珠炮似的细数她儿子的缺点，听得她面无血色，心如死灰。

这当然是极端个例，但极端个例也能反映出很多家长其实并不想听到班主任数落自己的孩子。

既然如此，班主任是不是就不应该指出孩子的缺点了？当然不是！具有成长型思维的班主任绝不会因为家长心里不高兴就不负责任，而是改变思路，换一种既不让自己为难，也不让家长不悦，同时还有效果的方法。什么方法呢？那就是班主任向家长陈述其孩子的缺点时，将缺点变成特点，消除家长的抵触情绪，使其心悦诚服地接受。

比如孩子的时间观念比较差，经常迟到。这当然是个缺点。这个缺点如果被带到职场，尤其是在竞争异常激烈、考勤要求严格的职场，就会招致领导的厌恶。因此，为了让孩子未来的职场之路走得顺利，班主任必须出手帮助学生改正缺点。

班主任可以这样对家长说："某某爸（妈），你家孩子吧，是特别善良，做事非常周到的一个孩子，我可喜欢他了。他还有个特点，就是做事喜欢卡点，多数时候能在规定时间内完成，也有不少时候无法按时完成。我担心他一旦养成了卡点的习惯，以后带进职场，会影响他个人的发展。所以我想请你与他谈谈，并约法三章，把卡点变成提前5分钟。每天提前5分钟，养成好习惯，对他的未来会有所助益。"

聪明的家长听到这里就知道孩子的时间观念不强，事后会加强管理。至于那种听了装不懂的家长，自然是靠不住的，老师与其把希望寄托在他们身上，不如亲自助推学生成长。

再比如学生上课说闲话，做小动作，甚至影响老师上课的节奏。班主任如果直接对家长说孩子不遵守课堂纪律，不尊重老师，明事理的家长一听就会予以重视，不用老师多说也会加强对孩子的教育。护短的家长嘴上不辩解，心里却不停地为自己的孩子找理由。面对这种护短的家长，班主任就要给这类违反课堂纪律的孩子找一个家长易于接受的特点，再为家长分析该特点潜在的危害性。

通常情况下，我会把上课喜欢说话、做小动作，干扰同学听课和老师讲课等行为，描绘成"热情、活泼、好动"。班主任千万不要开口就是"多动症"，闭口就是"注意力缺陷"，这会令家长难堪，甚至大动肝火。再说，班主任又不是医生，凭什么给人家的孩子贴这样的标签呢？说完特点之后，我就会给家长分析这类特点可能给孩子们带来的负面影响。

我会真诚地对家长说，"热情、活泼、好动"说明孩子的生命力强，身体健康，但如果在课堂上不加收敛，孩子就很难集中注意力，容易错过课堂上的重要知识点，导致学习成绩下滑。所以我们要训练孩子养成"静听、静心、静坐"的好习惯。我这样表述，家长未必会立即去训练他的孩子，孩子也未必立马就能静下来，但这种表述一定不会破坏家校关系和亲子关系。

班主任找家长交流学生的问题，无非是寻求合作伙伴的助力。所以，班主任一定要用家长能够接受的表达方式去陈述孩子的缺点。

给新手教师的带班建议

只要认真观察，用心体会，便会理解真正的教育大道最终都会归于每一件平凡琐事。

新学期，学校来了几位实习教师，实习生小江被分到我的班上，跟着我学习如何带班。对此，我颇为担忧。

首先，我不是一个特别严厉的班主任，对待学生总体上很温和，虽然在班级（八年级）管理上比较松弛，但学生很听话，很配合。这里面的门路曲里拐弯，小江想要一看就懂并非易事。

其次，我特别忙，对待小江很难做到关怀备至，悉心指导，学多学少，全靠她自己的能力和悟性。

再次，小江只跟我学习做班主任，每天在教室停留的时间只有十来分钟。她根本没法走进育人现场，其所见所闻只是班主任工作的一鳞半爪，很难对班主任工作形成系统的认知。

鉴于上述原因，我特别担心小江跟着我学无所得，进入教育实境、面对教育实体时无所适从。因此，我想给我的实习生留几个智慧锦囊，在她感到迷茫时帮助她绕过教育的曲径，洞察教育的真相。

小江跟着我学做班主任已两月有余，每天早晨来到教室看到的都是我和学生打扫卫生、说闲话、收作业……这哪里是一个经验老到的名班主任该有的范儿呢？

其实，她看到的这一切才是真实、常态化的教育现场。班主任的常态就是在鸡毛蒜皮里帮学生找到成长的意义。

她或许会想：名班主任不都是自带光芒、满身力量、化解难题于无形之中的神人吗？我当然希望如此，但那只是人们对名班主任一厢情愿的想象。真正从一线成长起来的班主任和专家，都是日复一日，老老实实用心干出来的。

不知道她有没有发现这几点：（1）只要不出差，我就一定会在学校全程陪着学生。每天早晨我到得很早，一到教室就与学生一起打扫卫生。我为什么喜欢与学生一起打扫卫生呢？因为我用扫地这个行动告诉学生：我是班级一员，我爱这个班级，我与大家同在。当然，我也要用行动告诉学生：一屋不扫，何以扫天下？把自己生活与学习的场所打扫得干净有序，让自己有尊严地活着，这是一个人来到这个世界的基本意义。

我与学生一起做事、学习、闲聊，同甘共苦，这就叫生命在场的陪伴。班主任若置身于学生的生命场之外看着他们做事，就叫袖手旁观，在学生看来，这种漠然的旁观就是监管。前者，是班主任与学生共处同一个生命场，彼此兼容，相互成全。后者，是班主任与学生分属两个阵营，彼此疏离，相互猜疑，甚至还有厌恶和对立。

（2）我虽然对学生很宽容，但在涉及做人、做事的底线时，却很严格。我对学生宽容，是因为他们是未成年人，心智发育还不健全，认知水平较低。他们犯错，只要不违背做人的基本原则和底线，我就只为他们分析利弊，提醒他们规避风险，将正确的应对策略传授给他们。

老师对学生的爱，指向的是分离。班主任要在学生离开之前，为他们锻造一双可以高飞的翅膀，这才是对学生最真诚、最可靠的爱。我之所以能受到学生尊敬，是因为我能抓住每个契机为学生锻造助力他们高飞的翅膀。我对学生的引导并非刻意为之，而是根据现场生成的契机顺势而为，对学生进行点拨。若不是全程跟着我，小江很难洞悉我的教育方法。

（3）我不太支持学生组织那种让人特别兴奋的活动。《中小学德育工作指南》中的育人途径里包含"活动育人"，这说明活动特别重要，班主任可以通过设置活动场景让学生去体验，让学生沉浸在活动中自我教育。我反感的是那种引起学生狂热情绪的非理性活动。这类活动不仅会刺激学生的大脑皮层释放大量多巴胺，让学生感到莫名的兴奋与躁动，产生盲目的自信与乐观，还会降低学生的思考力。而思考力是一个人的核心竞争力，学生要多参加有益于学习或思考的活动，提高自身的认知水平，培养理性思维，才能对未来的人生更有掌控感。

班级活动不仅可以让学生变得团结友爱，提高班级凝聚力，还能培养学生的竞争力，促进师生关系的健康发展。育人过程是长期的、持久的，为了更好地达到育人目标，我竭尽全力研发班本课程，并逐渐形成了独特的班本课程体系。实习教师在之后的带班过程中也可以大胆尝试，找到一种对师生双方都有益的方法，然后慢慢形成自己的风格。

（4）我特别重视生生关系的建设。我班的学生都特别友善，同学之间的关系特别和谐，就连斗嘴之事都很少发生，更不用说校园霸凌了。班上的男女同学虽然走得很近，但没有出现早恋的情况。男生之间偶尔开个玩笑或取个绰号，都是在对方接受的范围内。比如罗辉彬，我本来叫他彬彬，同学们却叫他娇娇，还特意强调是女字旁的"娇"。我问罗辉彬："你喜欢他们这样叫你吗？"罗辉彬满脸笑容，愉快地答道："我非常喜欢他们叫我娇娇。"自那以后，我也叫他娇娇或罗娇娇。女生之间虽偶尔存在分歧，但绝不会出现恶意诽谤、故意挑衅、拉帮结派等不良现象。

我班不仅生生关系和谐健康，师生关系也温暖友爱。学生对班上每位老师都特别有礼貌，配合度特别高。班级组建至今，还没有一个学生与老师发生过言语或者肢体上的冲突，学生对我这个班主任更是敬爱有加，有什么好吃的、好喝的、好玩的，都想着我。外班学生若对我不敬，他们必会为我打抱不平。

为什么我们班人际关系如此融洽呢？是孩子们天生友善纯朴吗？是每个孩子都生活在健康完整的家庭里吗？非也！是因为从组建班级的第一天起，我就把"建立关系"放在首位。我强调"关系是要用心维护的，不是用来破坏的"，我对班级霸凌持零容忍的态度，我讨厌窝里横，憎恨窝里斗。我特地撰文指导学生如何建立健康的人际关系，分析窝里横和窝里斗对同伴的情感造成的伤害。

我常常提醒自己：在学校，我就是学生信赖与依靠的人，我必须护每个学生周全，决不允许任何一个学生受到他人的伤害。我也常常告诫男生：男生之间的交往必须光明正大，团结友爱，我绝不允许班级出现排挤、孤立同伴的现象。当然我也常常要求女生：女生之间的交往必须光明磊落，大气、友善，我绝不接受挑拨离间、搬弄是非的行为。正因为我在人际关系方面的态度与立场非常鲜明，能够及时解决问题，并坚定地站在弱势群体一方，所以学生才能在班级中获得极强的安全感与归属感。

（5）班主任要勤于学习，不仅要紧跟时代，还要善于跨界阅读，这样才能开阔自己的眼界，提升认知水平，才有能力为学生提供一些课本上见不到的新知。重视学生的精神成长，及时给予学生精神层面的营养，这样的教师更受学生的尊敬和爱戴。

成熟的班主任不可或缺的一种能力就是，清楚地看到学生在未来的学习生活里需要哪些核心能力，然后尽己所能帮助学生去提升这种能力，助力学生赢得美好的未来。作为学生，他们需要的核心能力是什么？那就是读、写、算。没有学习的欲望，没有习得读、写、算的能力，他们很难掌控自己的未来。因此，在学生的学习问题上，我绝不让步。"双减"只是减去过重的负担，减去低效的重复性劳动，并不是让学生放弃学习。学习是一个人终生的事情。要想在人生道路上走得远，高效、有序、科学地做事就很有必要。因此，我不遗余力地教学生如何正确地做事，如何科学地管理时间。若想在人生道路上走得又远又稳，那么做一个有目标、有理智、有智慧的人就很重要。因此，我会抓住课堂上每一个契机把人生的智慧传递给学生。

第三章

懂创新：转变陈旧思维

以讲故事代替讲道理

我见他们所见，听他们所听，想他们所想。我成了他们成长的见证者，获得了他们的信任和敬重。我不需要教育他们，只需要影响他们。讲道理或许无法达到这一目的，但讲故事可以。

世上最喜欢讲道理的人非教师莫属，教师之中又非班主任莫属。即便是笨口拙舌的人，只要当了班主任，进了教室，面对学生的不良表现，也能说几句大道理。口齿伶俐的人做了班主任，对学生说起道理来更是滔滔不绝、舌灿莲花。为什么大多数班主任都喜欢给学生讲道理呢？

1. 天性使然。大多数人的内心深处都藏着一个欲望，那就是好为人师，喜欢评价和教训他人。因此，班主任只要见到学生不对劲，就会产生讲道理的冲动。

2. 观念使然。从古至今，即便是圣人，教育学生也是以讲道理为主。历史上有名的教育家，哪个不是讲大道理的主儿？"动之以情，晓之以理"是教育界最为普遍的教育方法。

3. 环境使然。以前的老师教育学生时就是以讲道理为主，领导也是这么要求的，同事也是这么做的，我不这样做行吗？

4. 习惯使然。大家从小就听父母和老师讲道理，几乎是听道理长大的，已经养成了习惯。习惯的力量是强大的，因此成为老师之后，也就习惯给学生讲道理了。

关键是，讲道理的教育效果究竟如何呢？对此，我采访了一些老师和学生，发现不论是老师还是学生，都认为讲道理是一种比较低效的教育方式。老师以为把道理讲透了，学生就能够心领神会，然后按照老师的要求去完成任务，事实上这只是老师的一厢情愿。通常情况下，老师讲道理讲得声音哽咽、热泪盈眶，把自己感动得一塌糊涂，学生依旧是看闲书、说闲话、走神，与老师成了两个世界的人。不管老师讲得多有道理，他们表面上点头称是，心里却在冷笑：又炒冷饭了，又企图给我们洗脑了。更有甚者，还会在心里默念：尽情发挥，使劲讲，讲到下课就好了，只要让我们不上课、学习，怎么讲都可以。

那么我就要问了，为什么学生不喜欢听老师讲道理呢？

1.从心理上来讲，人们更喜欢听故事，而不喜欢听道理。就人类的发展历史而言，听故事的习惯也可以追溯到很早以前。

2.道理大而空，过于玄虚，讲起来缺乏真情实感，而人际交往的本质是情绪、情感的流动。

3.讲道理是在否定学生，很容易引起学生的抵触情绪。

4.讲道理相当于贬低学生，是一种"居高临下"的教育方式。低龄孩子可能不觉得，10岁以上的孩子会认为老师的大道理是在变相地贬损自己。

5.讲道理就是在变相地提出要求，属于单方面的硬性要求，在沟通上显得不平等，大多数学生不吃这一套。

6.老师是站在成人的角度讲道理，用成人的思维面对孩子的世界，二者在认知上完全不对等。因此，学生即使认真听了，也是只知其一，不知其二。

我很早就认识到讲道理并非教育的良方，也很少给我的学生讲道理。我讲什么呢？我经常给学生讲生动有趣且蕴含哲理的故事，讲完故事，我就让学生说一说这个故事里有什么大道理，对自己有什么启发，自己打算怎么行动。说完之后，学生该做什么就去做什么。那么，我一般都讲哪些类型的故事呢？

1. 讲名人的故事。古代名人的故事，诸如凿壁偷光、囊萤映雪等，学生入学前听父母讲，上小学时又听老师讲，早已经滚瓜烂熟。如果我再反复讲，他们就会觉得没意思。因此，讲故事也要与时俱进。我们可以讲体育明星的故事，前提是正面且励志的明星，比如全红婵的励志故事；可以讲企业家的故事，前提是遵纪守法、对国家有贡献的企业家，比如任正非、雷军等人的风云故事；可以讲各行业精英的故事，前提是推动了行业的发展、产生了积极影响的行业精英，比如钟南山、陈薇等院士的抗疫故事。学生泄气了，自我否定了，思想消极了，缺乏榜样了，我就给学生讲讲当代名人的故事，他们马上就能看到前方的亮光。

2. 讲自己的故事。这是我最喜欢用的招数。毕竟讲的是自己的故事，我信手拈来，饱含真情实感，讲出来可信度特别高。不过要注意一点，不要炫耀自己，而要揭露自己的糗事。有一次，一个学生因为违规被学校领导通报批评了，也被我口头批评了，情绪非常低落。我就讲了自己读书时，由于爱慕虚荣，用红墨水染指甲，被老师叫到办公室"修理"了一整天的故事。讲完这个故事，我问学生："你们会因此小看我吗？"学生马上回答："不会啊，哪个小孩不犯错误？大人还犯错误呢。"还有孩子补充道："有些大人还犯法呢。"对啊，人人都会犯错误，犯错误不可怕，可怕的是不改正错误，只要我们把犯错误当作成长的契机，这个错误就犯得值。故事讲完之后，那个被批评的孩子就从失落的情绪中走出来了。

3.讲学生的故事。讲学生的故事能够让学生代入角色，让学生感同身受，看到别人的优秀，反观自己的不足。通常情况下，我喜欢讲自己曾经教过的学生的故事。比如，当我看到班上的一个男生嫌弃自己的母亲文化低、收入不高，不让母亲来开家长会时，我就在班上讲了一个学生帮父母卖凉粉的故事。那个男生姓邱，他父母原本是供销社的职工，后来下岗了。为了生计，夫妻二人不得不在大街上摆摊卖凉粉。一些同学给那个男生取了一个绰号叫"邱凉粉"，但是他并没有为此而难过，更没有因此而看不起自己的父母，而是每天放学后都去父母的凉粉摊上帮忙卖凉粉。类似的故事有很多，我信手拈来讲给学生听，不做任何评价，学生心中自然有数。事后，不论是男生还是女生，都没有再出现看不起父母的问题。

4.讲身边的故事。身边哪些人的故事可以讲给学生听？学科教师的故事、学生的故事、学校教职的故事、学校周边人物的故事……故事里的人、事、地点一说出来，学生都知道，这就显得特别真实。学生乐意听，并且也听得进去，特别有教育意义。有一次，我班化学老师去英国访学两个月，学校安排另一位化学老师来代课。学生对新来的化学老师有点抵触，认为这位代课老师比不原来的化学老师。我没有劝学生马上接受这位老师，而是给他们讲了一个故事，故事的主角就是这位代课老师。听完这个故事后，学生对这位新来的代课老师佩服得五体投地，很快就接受了这位新老师。等到原来的化学老师从英国回来，学生竟然找到我，说他们已经适应了代课老师的教学方式，不想换回原来的老师了。我讲的是什么故事呢？我讲的是这位代课老师如何把她的女儿培养成天体物理学博士的故事。学生听完故事感慨万分，说道："太厉害了，连天体物理学博士都能培养出来，教我们简直易如反掌。"

5.临场编故事。有时候遇到一些突发事件，预想的故事可能不合适，那么教师就要根据现场情况编一个故事，把当事学生变成故事的主角。编故事的人是老师，故事的主角是学生，那么主角的人生际遇都将由老师来设定。老师根据具体情况，既可以给学生设定一个美好的未来，也可以给学生设定一个有风险的未来。学生都不傻，自然更愿意选择一个美好的未来。学生能做出这种选择，就意味着他已经在积极前进了。

当我放下讲道理的执念，拾起故事的珠贝，我就已经站在了学生的生命场域里。我见他们所见，听他们所听，想他们所想。我成了他们成长的见证者，获得了他们的信任和敬重。我不需要教育他们，只需要影响他们。通过讲故事，我轻松地达到了自己的目的。

以客观陈述代替主观评价

身为班主任，我不会随意评价学生的行为，只会心平气和地陈述，在陈述的过程中看到问题，并找到解决办法。而学生在听的过程中也能看到自己的不足，并产生改正的意识。

凡是来我班跟岗学习过的老师，都很羡慕我与学生的关系，羡慕我的教室里一片和谐。为什么我能营造出团结、友爱、积极、向上的班级气氛呢？因为我从不随意对学生的行为进行价值判断。如果一定要评价的话，我只进行正面的评价。我知道这句话一出来，一些班主任必定会反驳："难道班主任要睁眼说瞎话吗？难道学生犯错了也不能评价吗？"学生犯错了可以客观分析，认真批评，为什么要与价值判断挂钩呢？班主任当然不可以睁眼说瞎话，但完全可以做到"假话绝不说，真话不全说"。我的学生出现不良行为的时候，我也不高兴，甚至还会表达我的愤怒，但我从未随意地评价过学生，我都是耐着性子客观陈述，让学生对自己的行为进行合理的自评。

我经常听到一些班主任针对学生的行为妄下论断。比如学生迟到了，有些班主任就会指着学生烦躁地数落："你一点时间观念都没有。我跟你说，你就是懒惰，真是懒到骨头里去了。你一天不迟到心里就不舒服，是吧？"一番言语尽是对学生行为的价值判断。听完这番话之后，学生从此就不会迟到了吗？显然未必。再比如，女学生在体育课上总是以生理期为由请假，有些班主任就会说："生理期，生理期，哪有那么多生理期？我看你就是怕苦怕累，偷懒要滑。"女生是不是真的处于生理期，真的不好说，但既然班主任无法分辨真伪，为何不欣然同意女生请假，然后悄悄地将日期记录下来呢？如果女生真的用生理期做幌子，班主任前后对比一下就知道答案了。

这种班主任随口就下定论的案例真是数不胜数。我说话向来谨慎，不合适的话是不会轻易说出口的。即便有时产生了强烈的说话欲望，我也会第一时间提醒自己：我是受过专业训练的教师，一定要进行专业的表达。这样提醒之后，我说出来的话就变得理性、中肯多了。我之所以特别注意自己在学生面前的言行，是因为这种随意进行价值判断的行为既会给学生的成长带来风险，也会阻碍班主任的工作。具体会有哪些风险呢？咱们不妨来分析分析。

1.使学生变得自卑。大庭广众之下，班主任不仅随意地评价学生的行为，还对学生的道德品质进行价值判断。一旦出现负面评价，敏感的学生会越发胆怯，并因强烈的羞辱感而不安，却又说不出口，久而久之就变得自卑了。

2.使学生变得暴躁。敏感的学生会因为班主任的负面评价而变得自卑，那么胆大性急的学生在被班主任随意评价之后，会怎样呢？一种是当面与班主任顶嘴，班主任说一句，他们就有可能顶十句，让班主任气不打一处来，师生关系逐渐僵化。另一种是表面无所谓，心里恨得牙痒痒，遇见同学就朝同学发火，碰到家长就向家长发难。

3.使学生对老师感到反感。我们不妨扪心自问，如果别人总是对我们的行为进行价值评判，并且很多时候说得又不恰当，我们心里会不会感到反感？人同此心，心同此理，我们随意评判学生时，他们心里也会极其反感。对于一个对班主任极其反感的学生而言，教育只会起到反作用。

4.使学生养成屏蔽指令的习惯。一些性格慢热的学生，不喜欢顶嘴，也很怕得罪人，但不代表他们就心甘情愿地接受班主任的价值评判。他们往往会开启"滚刀肉"模式与班主任暗斗，也就是你说你的，我做我的，即使你说得很有道理，我也不按你的要求做。一句话总结就是，他们对班主任发出的所有指令都采取屏蔽的方式，以达到回避矛盾的目的。

5.给了学生消极的人生设想。对学生的行为进行长期的负面评判，容易给学生一种消极的人生设想。我上小学时，班主任总是说我不爱学习，成绩不好，长大后没出息，只能给我的堂妹提皮鞋。在他第一次说这句话的时候，我很生气，也不服气，我说："我怎么可能给我堂妹提皮鞋？！"在他第二次说这句话的时候，我还是不服气，但已经不生气了。在他第三次说这句话的时候，我心里涌出一种想法，觉得自己将来可能真的要给我的堂妹提皮鞋。当班主任反复说这种话时，我虽然觉得有些尴尬，但心里已经认可了给我堂妹提皮鞋的事实。为了掩饰我的尴尬，我竟然充满豪气地说道："提皮鞋就提皮鞋，我给我堂妹提皮鞋怎么啦？碍着谁了？"

既然随意评判学生的行为会产生很强的反作用，那么班主任就应该规避主观评价，改变表达方式，回到客观陈述上来。那么，班主任如何客观陈述，才能使学生听得进去呢？

1.冷淡地客观陈述。某学生早上上学迟到了，并且这种情况出现不止一次。我心里其实是有怒火的，因为我自己从不迟到，对迟到的容忍度比较低，但我不会轻易地发泄怒气。我会冷冰冰地、一字一顿地对迟到的学生说："某某，今天早晨你迟到2分钟，请你明天早晨一定要提前2分钟到班。我可以给你三次迟到的机会，事不过三，请你把握好机会，出现第四次我就会公事公办，按规矩惩罚你。"

2.简短地客观陈述。这种方式主要用于课堂或者公开场合的集会。比如我正在上道德与法治课，讲到国家监察委员会是最高监察机关，提醒所有学生务必记住这个常识时，一个学生却与旁边的同学在开心地聊天。当时，我心中满是怒火，认为该学生就是一个扰乱课堂的坏蛋。作为一个普通人，我有此想法很正常；但作为一个教师，我若在大庭广众之下说出这样的话，会显得很不专业，学生不会服气。于是我便简单地陈述："某同学，你说话打断我上课了，停！""停"字加上重音，能够起到震慑的作用。

3.关切式客观陈述。这种方式用于学生意外受伤，导致某些课程中断。比如某女生下楼梯时不小心踩空，脚踝扭伤了，无法参加课间操和体育课。有的班主任遇到这种情况会生气地评价道："下个楼梯都能踩空扭到脚，你说你有什么用？你是不是故意扭到脚借机逃避体育课啊？"这种判断性语句砸到学生身上，即使学生口头上不与班主任辩解，心里可能也会暗暗说几句脏话。不论女生是故意还是无意，事实都是她的脚踝扭伤了，不能剧烈运动了。对于此种情况，除了表示关切，我还能怎样呢？我拍拍该女生的肩膀，关切地问道："你的脚踝现在还痛吗？今后你要小心一些。你去校医那里做个检查，请校医开个单子给我，咱们按医嘱决定你是否参加课间操和体育课。"当然，如果这个女生确实要过类似的花招，我会私下给校医打个电话，请她认真诊断，据实相告。

我们常说一个人要有同理心，才能与他人和谐相处。而同理心最重要的一点就是，不随意评价他人的行为与观点。因此，身为班主任，我不会随意评价学生的行为，不论学生做了什么样的事情，我都会心平气和地陈述。在陈述的过程中，我找到了解决问题的方法，不动声色地施加了影响。而学生在听我陈述的时候，也看到了自己的不足，产生了改正不足的意识。

以鼓励代替刺激

真正的教育都不是立竿见影的，当老师和家长对孩子说出"恨铁不成钢"之类的气话时，实际传递出的信息（即孩子接收到的信息）却是：我不相信你能把自己炼成钢。

恨铁不成钢，是指对寄予希望的人不争气、不上进感到不满，急切希望他变好。这种不满的情绪通常来自父母或者老师。

"恨铁不成钢"传递出来的是负面情绪，不但无法达到鼓励、推动对方成长的目的，还会引发对方沮丧、自我否定的负面情绪。

小C，人很聪明，长得很帅，对人很友善，在同学之中人缘很好。从他的习作、QQ空间以及与同学的对话中，我们都能看到或听到他对未来的美好规划。然而，他上课爱走神，写作业打折扣，劳动爱偷懒，运动爱找借口。对于班主任说的话，他向来是阳奉阴违。他的班主任其实很喜欢这个男孩，但是每每看到他只有意愿没有行动，就特别生气，于是指着他恨铁不成钢地说："帅有什么用，又不能当饭吃！计划做得好有什么用？不执行也只是一纸空文！意愿再强烈有什么用？不行动也只是美好的想象！我告诉你，你若不老老实实、认认真真地学习，就算你聪明绝顶，也会变成一根废柴，何况你还不是最聪明的学生。"

班主任的话有错吗？一点都没错，并且一针见血，把真相残酷地全抖出来了。问题是，小C听到真相后不仅没有发愤图强，反而更加颓废，动不动就对别人说："别惹我，我就是个废柴，过段时间，我还会变成废渣。"

曾经有班主任与我交流经验，说："学生不争气的时候，我也恨铁不成钢地责骂他们自甘堕落、不思进取，今后一定会遭受社会的毒打，届时连爬起来的机会都没有，只能一辈子当个窝囊废，穷得吃土。"她还说："我话说得这么毒，也没见学生自我否定啊。"

我问她："你的学生性格如何？你责骂之后，这个学生是否有大幅度的进步？"

她说："这个学生性格外向，很调皮，脸皮很厚，心很硬，挨骂就像没听见一样，该怎么玩还是怎么玩。我气得都懒得骂他了，反正也不是一块钢，恨也没用。"

这两个案例说明了什么呢？恨铁不成钢的表达方式未必会成为伤害学生的利剑，但对学生的成长确实于事无补，等于当着学生的面说了一段正确的废话。还有，学生的性格、意志力以及对自我的要求不同，对班主任的负面评价的反应也就不同。有的学生可能从此以后就会约束自己，发愤图强，然后一路高歌猛进。但绝大多数学生会选择充耳不闻，甚至心生不满，变得消极颓废。

既然恨铁不成钢的表达方式不能给予学生成长的力量，我们不妨转换一下思路。

我的班上也有像小C那样的男孩。他长得很帅，酷肖某个当红的男歌星，但他的牙齿不够整齐，因此他从来不敢开口大笑。我夸他是我教过的男学生当中最帅的一个，还说他酷肖某个帅气的男歌星。他听后高兴极了，得意地告诉我，他就是那个帅气的男歌星的铁粉。我说："如果你想变得更帅，就去调整一下你的牙齿。"他马上兴奋地对我说："老师，其实我也想过箍牙，但我怕痛，你说箍牙究竟痛不痛啊？"我没箍过牙，当然不知道痛不痛。但我班上有两个孩子正在箍牙，我就建议他去咨询那两个箍牙的同学。咨询之后，他主动向父母提出要去箍牙。箍牙的事情就这么顺利地解决了。

为什么我要以箍牙为切入口呢？因为这个男孩在乎自己的颜值，超过自己的学习成绩。

接下来我对他说："你想考某某中学，我很赞同，我也觉得那个中学特别好，值得你去拼一拼。不过，你上课爱走神，听课质量得不到保证，实现理想的难度很大。为了让你的理想成为现实，也让我获得成就感，我决定向你投入时间、精力、心血，你愿不愿意听我的？"男孩一听喜出望外，忙不迭地对我说："我肯定要听，我必须听。"

我说："好，那么首先，我要调整你的座位，将你从倒数第二排调到正数第三排，并且将你调到管理能力很强的女班长身边，请她协助我对你进行课堂管理。其次，每当你上课走神的时候，我喊一声'回来'，你的注意力就要立即集中。最后，你要当个作业组长，每天负责收你们小组的作业，当然，最不应该忘记的就是自己的作业。把这些事情一件件做好，你就会成为一个长得好看，学习也好，能力也强，哪哪都好的人。这样好的一个人，必然会有好的未来。我看好你哟，加油！"

经过我的一番努力，这个男孩是不是立马就变成了一个特别优秀的人呢？我诚实地告诉大家，没有。他的学习成绩并没有大幅度上升，但也没有退步。不过，他的厌学情绪得到了遏制，抑郁情绪得到了极大的缓解。在心情方面，他虽然没有变得特别高兴，但也没有颓丧；在行为方面，他虽然没有多么积极，但也没有多么消极。最重要的是，他不再逃避本该属于他的劳动任务。

我所在的学校，从生源角度来讲并不好，有很多学习能力弱、基础差的学生。很多学生的父母的受教育程度不高，都在时间管理非常严格的工厂做工，很少有时间来管束和陪伴自己的孩子，更不要谈有效教育自己的孩子。他们对孩子说得最多的，无非就是在学校要听老师的话，要努力，要认真，要加油。至于孩子该怎么听话，听什么话，怎么努力，如何认真，怎样加油，他们也说不出个所以然。孩子做得不好时，他们也只能恨铁不成钢地说："你明知在深圳生活压力很大，还不好好努力，你这不争气的东西，看你以后怎么办？"

面对这样的学生群体，班主任如果只会表达不满，就无法给予学生具体的帮助；如果只会说一些空话、套话、气话，对学生的成长而言也于事无补。我相信，很多一线班主任面对的学生群体，与我所面对的学生群体差不多，甚至会更差。

班主任若不能理解学生的难处，不能遵循成长的规律，一味强调快速成长，其结果要么是揠苗助长，要么是放任自流，不可能收获真正的成长。于是，班主任越发觉得委屈、气愤，"恨铁不成钢"之类的气话就冲口而出了。当老师和家长对孩子说出"恨铁不成钢"之类的气话时，实际传递出的信息（即孩子接收到的信息）却是：我不相信你能把自己炼成钢。

其实，真正的教育不是立竿见影的，它是一种慢的艺术，因为孩子的变化是很缓慢的。因此，班主任一定要拿出养花的心态，一边认真、及时地给花儿浇水、除草、捉虫，一边耐心地等待花开。即使学生现在没有成长的欲望，我们也要相信种子的力量。只要把成长的种子播撒到学生心田，在某个特定的时间、地点，这些成长的种子就会复苏，生根发芽，继而长成参天大树。

这，就是基础教育的意义所在。

以帮助代替指责

在我的教室里，学生犯了错，不论出于什么原因，只要是既定事实，我都不再指责，而是在第一时间稳住事态，将危害降到最低。然后引导学生认识到他的错误给他人以及班级带来了怎样的麻烦和损失，再帮助他改正错误，教给他规避类似错误的正确方法。

学生犯了错误，并且总是犯同样的低级错误，身为班主任，该不该生气？必须生气。班主任是人，又不是神，怎么可能不释放负面情绪呢？但是，班主任毕竟是受过专业训练的专任教师，必须有强烈的专业意识，要尽量做到喜怒不形于色，不轻易向学生发难，不随意指责学生。

我所带的班级，所有学生必须遵循"做人要则41条"，从中学习如何做人做事。其中第一条就是，同学之间、师生之间不得互相埋怨、指责，如果对方有错，必须理性地提出建议，友善地予以鼓励。理由是，埋怨只会增加双方的恶感，导致人际关系恶化，而且于事无补。由此可见，我是多么不喜欢这种表达方式。为什么在教室里，我不允许大家相互指责呢？

站在过错方的角度来讲，犯了错误本就感到难堪，还要被他人指责，心中很容易愤愤不平，不仅认识不到自己的错误，还有可能产生叛逆心理，在错误的道路上越走越远。

站在其他同学的角度来看，我也不想他们在充满指责的环境中成长，更害怕他们由此形成指责型人格。具有指责型人格的人只关注自己的想法和感受，总是否定别人的言语或行为，喜欢讽刺他人，说话阴阳怪气。这类人无视别人的感受，总是挑三拣四，言行具有较强的攻击性，容易激发别人的逆反或者恐惧心理。班主任如果怀着"我这么做都是为了你好"的教育心理，却使学生变成了叛逆或者惯于指责他人的人，这就不是为学生着想了，而是好心办坏事。

因此，在我的教室里，学生犯了错，不论出于什么原因，只要是既定事实，我都不再指责，而是在第一时间稳住事态，将危害降到最低。然后引导学生认识到他的错误给他人以及班级带来了怎样的麻烦和损失，再帮助他改正错误，教给他规避类似错误的正确方法。

具体怎么帮助呢？下面我举一个例子进行说明。

小 A 是广博卫生组的组员，每次轮到广博组打扫卫生时，小 A 都不见踪影。广博组的其他组员对小 A 非常不满，说他故意把自己的任务转嫁给其他组员。组长广博对此很是烦恼，找到小 A 说："大家帮你打扫了很多次卫生，你全权负责一次，也算是把大家的人情给还了，这样也就扯平了，大家就不会再发牢骚了，可以吗？"广博话音刚落，小 A 就反驳回来："我又没强迫大家帮我打扫卫生！"广博闻言就生气了，说："打扫卫生时你不在，帮你打扫了还不讨好。我们可以不帮你打扫，那你能保证检查时不扣分吗？"小 A 无所谓地答道："扣分就扣分呗，扣我的还不行吗？"

事实真的如小 A 所说，扣的是他的分吗？他哪里来的分可扣？走出这个教室，别人压根不知道他是谁，他连"一人做事一人当"的资格都没有。卫生打扫不合格被扣分，最终连累的还是班级，真正买单的还是班主任。

从小A的表现来看，他确实该受到指责，甚至是被严厉地斥骂。但指责有用吗？组长广博只是表达了不满，小A就拉开架势要迎战了。若我再开口指责，小A恐怕要与我这个班主任战斗到底了。

于是我对广博说："广博，作为组长，你真是辛苦了。即便小A缺席，你们也圆满完成了任务，没有影响班级得分。每个月的'卫生班'奖状我们班都拿到了，这让我看到了你的责任心和领导力，我很欣慰，给你们小组点赞。至于小A嘛，交给我，我确实要与他聊一聊，一来指导他如何说话，二来纠正他的劳动观念。"

我把小A叫到校园的僻静处，语重心长地问他："你在意同学情和师生情吗？"小A语气笃定地答道："我肯定在意啊。"我接着问："那你知道人情也需要还这个道理吗？"小A揉了一下他的头发，难为情地答道："我知道啊。"我笑着说："广博希望你全权负责一天的卫生，其实就是在给你出主意，让你把欠下的人情给还了，这样你就无'债'一身轻了。可你好像没有理解他的意思，直接反驳了他。广博也许不在意，但其他组员呢？你换位思考一下，你帮了别人的忙，结果得到的不是对方的感激，而是一句'我又没强迫你帮我'，你会怎么想？你今后还会义无反顾地去帮他吗？"小A毫不犹豫地答道："我又不傻，我怎么可能还会帮他？我才不会拿我的热脸去贴人家的冷屁股呢。"我铺垫这么久，就是想要小A亲口说出这句话，此刻他终于大声说了出来。我笑盈盈地接着说："对呀，与你一个小组的同学也不傻，他们听了那句话心里想的也如你一般。你把人得罪了，今后就没有人帮你打扫卫生了，你再玩消失，后果就很严重了。"

经我点拨，小 A 恍然大悟，后悔道："都怪我口无遮拦，其实我心里还是很惭愧的，觉得挺对不住他们，只是话一说出口就变味了，自己都没意识到。"

我笑着对小 A 说："你的问题不仅仅是说话不经大脑，还包括厌恶劳动。我了解你的家庭情况，你妈妈专职在家照顾你们兄妹俩，她一个人把家里的活全干了，让你没有了锻炼的机会。一个特别勤快的妈妈，的确很容易养出喜欢坐享其成的儿子，我不责怪你，因为错不在你。但你若不接受学校教育，不主动改变，今后一旦离开你那保姆似的妈妈，你的生活就会变得一团糟。因此，你一定要明白，学校设置劳动项目、开展劳动课程，为的是培养学生热爱劳动的意识，让学生养成劳动的习惯，感受到劳动创造美的魅力，从而成长为一个合格的社会主义建设者和接班人。"

我这番话说得确实有些大而空，但我前面已经做了充足的铺垫，学生的情感和认知此时都已到位，不会再排斥我讲的大道理，那么，我就需要摆出一副育人的严肃面孔，义正词严地说一番大道理，不然，学生的认知和格局就上不去。

事实上，小 A 非常赞同我的说法，被我说得心悦诚服。于是，我顺势说道："今后再遇到类似的情况，你就愉快地说'谢谢大家帮我，任务就交给我吧，保证让大家满意'。你本来就要干这个活，为何不把话说得漂亮一点呢？咱们不能干了活，还得罪人吧，咱不做这个赔本买卖，记住了吗？今后可要举一反三，争取把话说到对方的心窝里。

至于班级卫生嘛，你只需要摆好自己的位置，把分内事做好，不给其他组员增加负担，不给组长带来困扰就可以了，你能做到这一点吧？如果你一开始没有养成习惯，我、你的组长，还有劳动委员，就提前提醒你，好吗？如果不会打扫卫生，我亲自上阵，或者安排其他同学当面指导你，可好？"

我和小 A 的交流到此结束，整个过程没有评价，更没有指责，有的只是温和的对话和真心实意的帮助。这样一来，小 A 很容易听进去，加上我还给予了方法指导，他自然就心甘情愿地按照我的指示办了，这就是有效教育，并且成本很低。

以请求代替命令

班级所有事务，我们都可以请求学生协助，即使有些事情是学生的分内事，班主任也可以将命令语气换成请求语气，把学生放在与自己平等的位置上，真诚地向他们释放出这样的信号：你们很优秀，你们很能干，老师需要你们的协助。接收到老师发出的求助信号时，学生一定会积极热心地协助老师，并为自己能帮上忙而感到高兴。

经常有同事好奇地问我："你班上的学生做事可积极了，而且满脸笑容，好像捡到宝似的，你究竟有什么招数呀？"

我究竟有没有招数呢？当然有外人看不到的绝招，那就是把命令学生做事变成请求学生协助。

很多班主任稍不留意，就会用命令的语气让学生做事。比如：

1.你必须给我完成；

2.你一定要按照我说的做；

3.你不要随便质疑我；

4.我叫你怎么做，你就怎么做；

5.你给我闭嘴；

6.今天不做完这些作业，你休想回家；

7.立即、马上、一刻不停地给我把事情做完；

8.你赶紧给我认真听课，立即完成作业；

…………

这种自带命令语气的话，不要说处于叛逆期的孩子不爱听，成人听着都觉得不友好，心里免不了会想：我凭什么要听你的？就算这些学生迫于班主任的权威，不得已听从命令把事情做了，他们心里也是极度不愉悦的，之后会花很多心思来回避老师对自己的命令与掌控。

从心理学角度来讲，但凡性格独立、有一定自主性的人，都很抗拒被他人命令。尤其是思想趋于独立又处于叛逆阶段的学生，他们对班主任的命令语气更加反感。我讲两个自己亲眼所见的小故事。

H老师早上进入教室，一看教室地板不够清洁，就很生气，大声命令一个学生道："去！赶紧去拿笤帚，把教室给我扫了！"那个被命令的学生反驳："又不是我的任务。"H老师更生气了，斥责道："你难道不是这个班的学生？你只要敢说你不是这个班的学生，你就可以不扫！"那个被命令的学生见老师气势汹汹，知道拗不过老师，于是转身走出了教室。H老师以为那个学生去拿笤帚了，结果等了好久，那个学生也没有回教室。

直到上第一节课，那个学生才慢悠悠地回来，H老师气不打一处来，呵斥道："我叫你去拿笤帚扫地，你却跑得没人影，你老实说，你去哪儿了？你要是不给我说清楚，我立马打电话叫你家长来。"

那个学生一脸漠然，说："我在上厕所。"H老师更加生气了，说："你撒谎，上厕所需要这么久吗？看来必须请你家长来学校配合教育了。"学生听说要请家长来学校，立马急眼了，急吼吼来了一句："我便秘，怎么啦？"

M老师是一个非常尽职的班主任，但他的控制欲非常强。初一的时候，他命令学生做这做那，学生惧于他的强势不敢违抗。到了初二，M老师突然觉得自己无法掌控该班的学生了。他命令学生必须按时、保质、保量完成作业，学生嘴上虽答应着，但实际上都完成不了，M老师气得大声责骂那些学生，斥责他们懒惰，把羞耻当光荣。不管M老师怎么责骂，学生都是一副"沉默是金"的样子。好好的学生，被M老师带成了一群"滚刀肉"。

这两个老师都是典型的勤奋型班主任，但他们的勤奋被自己的强横态度掩盖了。学生感受到的是班主任的控制，而不是付出。他们对班主任产生的是反感，而不是好感。

我与学生相处则完全规避了这种命令的语气。我知道，每个人都不喜欢被别人命令，同时却很容易接受别人的请求。别人向他寻求帮助，意味着他在别人眼里很重要，也很优秀，能够把事情干好，他是一个特别有用的人，他的自我价值感一下就被激发出来了，很容易答应别人的请求。

早上进入教室时，我看见地面有垃圾，二话不说，马上去拿笤帚与铲子。我一边扫地，一边用请求的语气说："请同学们来帮帮我呀，咱们快速地把垃圾扫走，我就可以带着你们早读啦。"话还没说完，负责扫地的同学会立马会站起来说："哎呀，不好意思，刚才忘记了。"没有轮值的同学，这个时候也会主动站起来帮忙。因为他们深知，这个时候他们帮助的不是同学，而是老师。老师欠了他们的人情，心里是很感激他们的。

除了扫地可以请求学生帮忙，班级所有事务，我们都可以请求学生协助，即使有些事情是学生的分内事，班主任也可以将命令语气换成请求语气。注意，请求不是乞求，不是低声下气，不是放弃原则，而是把学生放在与自己平等的位置上，真诚地向他们释放出这样的信号：你们很优秀，你们很能干，老师需要你们的协助。接收到老师发出的求助信号时，学生一定会积极热心地协助老师，并为自己能帮上忙而感到高兴。就算这件事情是学生应尽的职责，班主任换一种方式去促使他们完成，只要能达到我们的预期目的，又有何不可呢？

以对话代替训话

班主任若想让学生立德，首先自己要有德；若想成功树人，就要把学生当作真正的人，发展人，成全人，为学生谋发展，为学生谋福祉。

小 G 是我带了两年的男孩子，他的身上存在许多问题，但我一直按兵不动，因为时机未到。

现在，小 G 已经进入初三，我等待的时机也到了。不过，就算我教了他两年，要当面指出他的缺点，事前也一定要给他做好心理建设，让他在一种安全的语境里听我说话，在一种坦然的状态下向我解释，这才是师生对话的正确打开方式。

首先是给小 G 做心理建设。

我故意问小 G："你觉得我们的师生关系怎么样？请你从感性层面来描述。"

小 G 愉快地说道："挺好啊。"

我也愉快地说道："在我看来，我们的师生关系正常、健康，属于双向奔赴，是吧？"

小 G 毫不犹豫地点头，连声称是。

我为什么一开口就提师生关系呢？因为后面指出来的问题，如果没有健康的关系做铺垫，会使学生产生很强的抵触心理。我用两年时间与小 G 建立彼此信赖的师生关系，目的就是要让他在我面前坦然面对自己的问题，在我指出他的各种缺点时，不至于恼羞成怒，百般辩解，甚至与我发生冲突。

我继续问小 G："你觉得就我们的师生关系而言，我们有没有心平气和地对话的基础？我要特别说明，是对话，而非训话。所谓对话，就是我说，你听。听完之后，你若觉得我们的想法有出入，就换你说，我听，目的是使我们的观点达成一致。所谓训话，就是我随意地评价你的行为，态度粗暴，恶语中伤，不给你解释的机会。就像你刚学过的《范进中举》里的胡屠户一样，骂得范进狗血淋头，范进还只能唯唯连声，说'岳父见教的是'。"

小 G 笑着说："你不是胡屠户，我也不是范进，我们肯定可以心平气和地对话。"

我最后还问了小 G 一个问题："你想从我这里听真话还是假话？假话经过粉饰，说出来优美，听起来悦耳，但于你的成长无益；真话直白冰冷，说出来难听，听起来扎心，但于你的成长大有裨益。怎么说，是我的课题；怎么听，是你的选择。作为老师，我确实有育人的责任，同时也会遵守'育人不伤'的教育底线。因此，不管你做出哪种选择，只要是发自真心的，我都尊重。"

小 G 深吸了一口气，挺了挺胸，坚定地答道："我选择听真话，老师你请说。"

心理建设完毕，小 G 鼓起勇气，坚定信念，大胆地请求我罗列他的问题，我当然要抓住机会，毫不客气地直言相告。

1. "你长得帅，这是真的，只看外貌的话，我必须给你打高分。但你那一口错乱的牙齿，严重拉低了你的颜值，让你相当不自信。上网课期间，你回答问题相当踊跃，因为大家看不到你开口发言的样子。回到教室上课后，你总是拒绝回答问题，因为你不敢开口。你连咧嘴大笑都不敢，只能抿着嘴笑。你满14岁了，我建议你去箍牙，也将箍牙的必要性告诉了你的母亲，但你一听别人说很痛，吃饭不方便，就吓得放弃了，可见你是胆小懦弱的。"

说完，我问小G："你有什么想说的吗？"小G有些尴尬，解释说："我听好几个箍牙的人说刚开始有点痛，我就好害怕，我承认自己很懦弱。"

2. "你很自恋，觉得自己长得帅，便产生了优越感，还特别在意自己的发型，经常因为剪头发的事情与家长起冲突。但我要和你说实话，但凡审美正常的人，都会觉得你那又长又乱的中分发型拉低了你的颜值。根据大众对男孩的审美，你应该留一头清爽的短发，这样看起来会更加阳光帅气。"

小G没有解释，直接承认了这个问题。

3. "对于美的人、事、物，每个人都会喜欢，但也会产生审美疲劳。初一时，不少女生曾与我谈论你，甚至告诉我有人暗恋你。可现在，班上没有一个女生觉得你帅。她们都在埋头学习，为以后的人生打基础。可你，还在自我陶醉，以为自己很帅，优越感十足，其实大家早已不在乎你的长相。"

关于这一点，小G没有与我对话，只是抿嘴点头，心中颇为难受。我虽不忍心揭露真相，但作为他的老师，不得不给他当头棒喝，让他清醒清醒。

4. "你脾气古怪，管理不好自己的情绪，好人缘都被你败光了。异性同学不愿意接近你，同性同学也被你气得退避三舍。"

小 G 曾经在班级的 QQ 群里与同学发生争执，情绪相当失控。还有一次，他在教室里与全班同学起冲突，情绪更加失控。小 G 两次情绪失控，出口伤人，虽然都被我巧妙地化解了，但仍出现了后遗症，那就是很多同学都不想与他深交，害怕一不小心中了他的"流弹"。对此，小 G 也非常懊悔，尽管他尽力补救，但裂痕犹存。对于这一问题，小 G 没有辩解，只向我保证一定会尽力改正。

5. "你对问题的归因与事实之间存在明显偏差，但凡出现不良结果，你都认为是别人的问题，总是找理由为自己开脱。出现问题，当然有可能是别人的缘故，但是当我们无法改变别人的时候，是不是应该扪心自问，找到自己的问题所在？改变永远都是从自己开始，而非别人。我们能控制的永远都是自己，而非别人。"

小 G 无话可说，脸色有些凝重，但还是诚实地点了点头。

6. "你的情绪感知力较低，言不入耳，缺少真心朋友。"

7. "你固执，思维僵化，一味沉浸在自己的世界里，不愿抬头看一个更大的世界。"

8. "你任性。当然，这份任性主要是用来对付爱你的人的，比如你的妈妈。这种性格会严重影响你未来的家庭生活，爱你的人都会被你气跑。"

9. "你虽在意形象，却不爱干净。你的抽屉里一片狼藉，桌子底下也凌乱不堪，因此你经常找不到书本和资料。"

面对我连珠炮似的抛出的问题，小 G 没有辩解，也没有生气，而是点头承认了这些问题，心平气和地答应我一定会正视和解决这些问题。

我笑着说："不客气地讲，你的性格有点拧巴，若不改，总有一天会把美好的人生虚掷了。我可以明确地告诉你，你若不痛下决心直面自己的问题，改正自己的错误，你的人生将暗淡无光，你引以为傲的颜值将一文不值。"

小G的神色有些沮丧，但他还是抑制着内心的波澜，心平气和地向我承诺初三这一年一定会改正自己的不足，待到毕业，还我一个积极向上、阳光帅气的好学生。

我也平和地对他说："你若改正，我会感到欣慰，这份欣慰会伴我一辈子；你若不改，我会感到沮丧，但这份沮丧会因为下一届学生的到来而消解。你想想，你选择哪一种？"小G毫不犹豫地回答："我肯定改。"很好，这就是我想要的对话结果。我笑着点头。

最后我问小G："你身上这些问题早就存在，你知道为什么进入初三，我才对你直言不讳吗？"小G表示不解。

我说："初一时，我想尽各种办法才与你这个怪脾气的孩子建立了非常健康的师生关系，让你依赖我，信任我，我才帮你保住了做人、做事的底线。初二时，我不遗余力地磨炼你的意志，提升你的认知，让你佩服我，追随我，我才帮你确立了清晰的目标。现在你长大了，既能够承受我对你行为的否定，又能够理解我言语背后的意思，也已经具备了改正缺点的勇气和能力，我再不直言相告，等你毕业之后，谁还会这样心平气和地与你对话呢？"

小G对我的解释非常满意，极其温顺地向我道谢，然后回了教室。

我经常看到一些班主任对学生大肆评判，大发脾气，进而与学生发生言语冲突。即使没有发生正面冲突，学生也会因为老师的粗暴态度和刻薄言语，对老师心生怨恨。一旦学生对老师有了怨气，教育就无效了。

班主任若想让学生立德，首先自己要有德；若想成功树人，就要把学生当作真正的人，发展人，成全人，为学生谋发展，为学生谋福祉。唯有树立这样的教育观和学生观，班主任才能放低姿态，放下怨念，放下功利，为学生的一生做铺垫。

以身教代替说教

未成年学生受制于有限的经历和阅历，看问题基本只着眼当下，很难做到放眼未来。因此，就算老师告诉他未来是多么可怕，他也很难产生共鸣，反而怪老师话多。一个具有成长型思维的老师，即使有说教的习惯，在认识到说教对学生的成长并无裨益之后，也一定会寻找新的做法来代替。

如何理解班主任的说教？是指班主任不满意学生的表现，在学生出现过失时，不是立即着手解决问题，而是高高在上，用凌厉的语气、空洞的道理去教训学生，以达到促使学生改正错误的目的。

比如学生迟到了，喜欢说教的班主任会这样说："叫你不要迟到，你总是口头上答应，行动却如常。你现在不养成守时的好习惯，今后步入职场，一定会遭到领导嫌弃，这对你的个人发展是有百害而无一利的。你这样屡教不改，真是让我痛心疾首啊！"

班主任痛心疾首，学生就会纠正迟到这种不良行为了吗？显然未必。班主任的心或许在痛，但学生未必能感同身受。未成年学生受制于有限的经历和阅历，看问题基本只着眼当下，很难做到放眼未来。因此，就算老师告诉他未来是多么可怕，他也很难产生共鸣，反而怪老师话多。他即使产生了同理心，也只是短暂地惭愧，之后依旧我行我素。

再比如学生上课说闲话，喜欢说教的班主任通常会这样说："你看你，就是管不住自己的一张嘴，不仅影响老师讲课，也耽误你自己听课。现在不好好学习，今后你养活自己都困难。午夜梦回时，你想找个人来责怪都不知道怪谁，到头来还不是怪你自己。正所谓自己酿的苦酒，自己喝……你不要摆着一张臭脸给我看，我说你还不是为了你好？"

教者父母心，班主任苦口婆心地劝说学生认真听课当然是为了学生好，但学生在大庭广众之下被老师教训了，心里就是会不舒服。老师再好，他也不念老师的好，真应了那句"好心当作驴肝肺"。

很显然，班主任一旦对学生展开说教，就会受到学生的排斥。为什么班主任说得合情合理，学生就是听不进去呢？

因为在学生看来，老师在大庭广众之下对他展开说教，并不是所谓的"为你好"，而是对他心怀不满，是在故意挑刺。此外，他也会把老师的说教理解为老师看不起他，不喜欢他，想控制他。这样的解读使得学生特别抵触老师的言辞。他们会把老师的说教视为"正确的废话"，听起来有道理，实际上毫无参考价值。

既然明知道学生不喜欢老师说教，为什么很多老师还喜欢对学生说教呢？

1.说教是最简单、最不需要动脑的育人方法。学生犯错了，老师张口就说教，说完就算处理完了，不需要动脑筋去组织语言，也不需要花时间去了解学生的性格、需求。

2.怕学生走弯路，总是苦口婆心地告诫。这样的老师占大多数，他们担心学生学坏，可是又没有更好的办法去帮助学生，只能跟学生讲大道理。

3.从小养成了说教的习惯。一些老师从小在父母或老师的说教中长大，耳濡目染，养成了说教的习惯，一时难以改变。

4.有强烈的控制欲。有一类老师，什么都想插一手，什么都由自己说了算，控制欲很强；学生一有过失，他们就喋喋不休。

5.性格固执，甚至有些偏执。这样的老师虽然不多见，但一定有。哪怕只是一些芝麻绿豆般的小事，他们也要施展自己的口才把学生狠狠地教训一顿。

一个具有成长型思维的老师，即使有说教的习惯，在认识到说教对学生的成长并无裨益之后，也一定会寻找新的做法来代替。我做了三十多年的班主任，一直在求变，力图寻找一种更好的方法来代替说教。最终，我还是觉得传统的"身教"是影响学生的好办法。

那么何为身教呢？就是班主任以自己的实际行动为榜样，对学生进行教育。《后汉书·第五钟离宋寒列传》中说："以身教者从，以言教者讼。"简单地说，就是少说话，多做事。老师要求学生做什么，自己要率先做到，自己都做不到，说得再有道理也等于废话。

那么班主任应该怎样向学生展示身教呢？在此我要特别提醒，学生毕竟是未成年人，领悟能力和自我教育的能力都有待加强，因此班主任要刻意地展示自己的身教，让学生能轻松地心领神会，进而跟着老师行动起来。

班主任希望学生说话温和有礼，那么班主任说话就不能有攻击性，也不要轻易使用含价值判断的词语，而是要客观、理性地陈述事实。

比如学生迟到了，班主任只需温和而坚定地说："某某同学，你今天迟到了3分钟，请你明天提前3分钟到，好吗？"如果学生仍然迟到，班主任就可以进一步表明自己的态度："某某同学，我不接受你多次迟到的行为，你的行为给我带来了困扰。"如果班主任处处以身作则，学生就算不能及时改正"迟到"这个缺点，也不会与老师产生矛盾。师生后续的互动也不会受到影响。

班主任若希望学生保质保量地完成作业，就不能只给学生布置作业，而要与学生一起写作业。我教语文，很少出现学生不写语文作业的情况，这是为何？因为在要求学生写作业的同时，我也在认真写作业，我的作业甚至比学生的作业写得更认真，订正得更细致。我还会把自己的作业拿出来展示，甚至在他们面前"炫耀"，表达自己完成了作业的喜悦之情。第一次见我如此认真地完成作业，学生可能没什么感觉，但看到我长期一丝不苟地完成作业，他们就会受到影响。

每天进入教室时，我都会践行"三看"：看桌面，看地面，看全面。看见学生的桌面有些乱，我就会帮着整理，一边整理一边说："整齐与凌乱，哪个更好看？"学生羞涩地笑，说："当然是整齐更好看。"我笑着问一句："今后桌面凌乱该怎么做？"学生很轻松地答道："我一定会整理的。"看见地面有垃圾，我会第一时间拿起笤帚、簸箕，一边扫，一边说："卫生组的同学赶紧行动啦，我也来帮帮你们吧。"话音未落，卫生组的学生就拿起工具跟着我一起打扫了。不一会儿，教室就变得干净整洁了。

我要求学生读书，我自己就是一个博览群书的人；我要求学生认真写作，我自己就是一个勤奋的写作者；我要求学生努力成长，我比他们还努力地成长;我告诉学生表达要得体,我自己说话从不夹枪带棍。正因为我一直致力于身教，所以学生对我非常信服。我偶尔对他们说几句大道理，他们也觉得言之有理，乐意听从。

有人说，要让顽石点头，靠的是开导、说理，而不是训斥、说教。对于这句话，我深表赞同。这也是每个班主任应该秉持的教育理念。学生，不是用来教育的，而是用来影响的。而影响，靠的就是具体的身教。

以灵活变通代替墨守成规

班主任执行上级交代的任务时一定要做好权衡，是否有必要墨守成规，班主任一定要善于思考，懂得变通，才能保证既不损害学生的身心健康，又顺利完成任务。

"钟老师，你看，小琦写的目标责任书真是把我气死了，"班主任大李递给我一张16开的纸，气恼地说，"他就是存心气我，心态不正！"

我接过大李递过来的目标责任书，低头一看，分数那栏没填，最后一栏赫然写着：凭什么我没考好就要受到惩罚？我没考好，我都难受死了，老师还要惩罚我，凭什么？老师就是不公平！我说的是真话！

"别的同学都知道写自己要是没考好就少吃一顿饭，或者是跑两圈操场，晚睡半个小时，寒假不出门玩……"大李在我耳旁唠叨，"他干吗要这样写？这孩子吧，别看他人小，表面上很单纯，实际上心思可复杂了。初一的时候他是个多好的孩子啊，到了初三怎么这么叛逆？是不是青春期来了呀？"

我一边安慰着大李，一边在心里重重地叹了口气。事实上这件事与青春期无关，更与小琦的品质无关，而与班主任的做法有关。

这究竟是怎么一回事呢？

早上，年级领导给每个班主任发了一沓一模考试的目标责任书，要班主任利用班会课组织学生填好这份目标责任书。

我一看到目标责任书的内容就感到头疼了，上面写着：在此次模拟考试中，你的语文目标分数是多少？数学目标分数是多少？英语目标分数是多少？……总之，凡是中考科目，学生都要填出自己的目标分数。接下来是要学生保证，自己在此次模拟考试中的班级名次要上升多少名，年级名次要上升多少名。如果做不到，学生要承诺接受惩罚，惩罚的内容当然得自己填。年级领导怕班主任不开窍，还特意在QQ群里指导班主任，比如"惩罚"一项，可以启发学生填写做100个深蹲，跑5圈操场，做50个俯卧撑，罚抄古诗20首，等等。

这显然不是一份具有可行性的目标责任书，原因如下。

其一，个人的目标一般是比较隐秘的，可以说是隐私了。你让他昭告天下，学生必定不会如实相告，只会随意填写，敷衍了事。或许有些学生会诚实地将自己的目标公之于众，但那毕竟是少数。

其二，这种把目标与惩罚挂钩的做法，显然是故意为之，学生会看不出来吗？学生既然知道达不到目标要受罚，那么他在制定目标的时候就会降低标准，一件本身很严肃的事情最后变成儿戏。

其三，学生不是傻子，这样的做法显然会将学生与班主任置于对立面。

在我看来，学生看看这份目标责任书，在心里定一个目标，根本没必要将黑字落到白纸上。

可是，这是上级下达的任务，不执行显然是不行的。那么，如何做到既不引起学生的抱怨，又顺利完成任务呢？这就需要平衡之道了。

我的做法是利用班会课给学生介绍林清玄，并且观看林清玄在《开讲啦》节目中的演讲。以下是那节班会课的具体情形。

上课铃声一响，我拿着年级领导印发的目标责任书走进教室，学生看到后好奇地问我："要做'甜点'（语文课堂的课前小测试）吗？"

我笑着说："我什么时候占用班会课做'甜点'了？"

学生不再说话，好奇地看着我手上的一沓纸。

我一边给学生派发手中的纸，一边说："一模考试将近，学校要求每个同学就自己的实际情况制定合理的目标，郑重地填写目标责任书，你们意下如何？"

学生疑惑不已，问："是什么目标？"

我说："就是根据自己的情况填写各科考试的目标分数，你认为自己在一模考试中能考多少分；相比期中考试，你的班级名次、年级名次能上升多少名就写多少名。如果达不到目标，你打算接受怎样的惩罚，也要写下来。"

教室顿时炸开了锅，学生低头急急地看手中的纸，说："这是什么目标责任书啊？为什么我们没达标就要受惩罚？还有，每次考试的难易程度不同，我们怎么知道最终能考多少分啊？"

学生还问："如果我们没达标，那老师会不会受到惩罚？"

我笑着说："严格地讲，老师也该受到惩罚，不过目标责任书中没有提到这一点。"

学生异口同声地抗议道："那很不公平啊。"

我说："我也觉得不公平，所以我们干脆不填了。"

全班学生欢呼。

我顺势问："那请各位扪心自问，你有目标吗？你离你的目标还有多远？你遇到困难时有没有想过放弃自己的目标？请闭目三分钟，冥想自己的目标以及如何去实现自己的目标。"

学生闻言赶紧闭目思考，教室里一片寂然。

三分钟时间到，我说："目标是自己的事，实现目标也是自己的事，希望大家重视自己的事。好吧，今天咱们来认识一个人，据我所知，咱们班有同学读过他的书。"

说完，我用多媒体设备展示林清玄的图片，问学生："他是谁？"

结果全班无一人认识。

我笑着说："他长得这么有特点，你们都不认识？"

学生摇头不语，有的还羞赧地低下头。

"火云邪神，"突然，靠窗而坐的小林兴奋地指着林清玄的图片说，"我想起来了，他是周星驰的电影《功夫》里的火云邪神。"

全班爆笑，我也笑了，说："那就暂定为'火云邪神'吧，我们再来欣赏'火云邪神'的英姿。"

学生变得活泼起来，指着"火云邪神"大声议论——

"哇！长得好奇特啊！"

"哇！这张照片里他看上去有点艺术气质，像'高富帅'。"

"哇！这张照片里的他看起来好像大娘啊！"

…………

学生看完图片，我又展示了一段关于林清玄的介绍文字。学生好奇，看得很认真，看着看着就忍不住读了出来。随后，他们纷纷收声不再议论。

我说："这就应了那句话——'人不可貌相，海水不可斗量'啊。

林清玄有没有真才实学，我们光看文字还不足以证明，来听听他怎么说。"说完，我将事先准备好的视频打开。

当听到林清玄说自己有个女粉丝给他写了封信，说他太像"火云邪神"了，真是相见不如怀念时，学生简直要笑到地上去了。

林清玄在演讲中重点讲了他的三个人生目标，即当作家、去埃及，娶一个像奥黛丽·赫本一样美丽的妻子。这三个人生目标在他的努力下都一一实现了。

林清玄的演讲诙谐幽默，又贴近学生的心理需求，所以学生听得笑声不断。看完，我说："没有目标的人生，肯定是不值得期待的；有了目标却不去努力实现，这样的人生也是荒废、惨淡的。实现目标有很多条件，但不管能不能实现，保持我们的上进心，都是必需的。我当然希望每个同学都能在一模考试中达到自己心中的目标，但我更期望看到你们在实现目标的过程中的那份努力、那份坚持！"

只用二十多分钟，我就把班会课上完了，剩下一些时间，我说："你们根据自己的需要安排吧，我也要干自己的活了。"说完，我便低头看书，学生也闷头复习去了，教室里安安静静。

再来说说其他班主任。班会课下课之后，他们在办公室连连感叹，都被学生随意填写的目标气坏了，埋怨现在的孩子不好教。

班主任执行上级交代的任务时一定要做好权衡，是否有必要墨守成规。如果是一些简单任务，只需按要求完成，班主任墨守成规没有问题；但如果任务复杂，甚至会波及学生的身心健康，班主任还是不加区分地盲目执行，那就错了。此时，善于思考的班主任应该懂得变通，使自己顺利完成任务，同时又不伤害学生。

第四章

懂激励：帮学生实现自我成长

让有效激励成为学生持续成长的动力

低质量的表扬缺乏客观描述，学生听多了，觉得老师在说大话、空话、套话，就会将其当作耳旁风。有效的激励既包含客观陈述，又包含精神赞誉，还包含物质回报，学生很容易接受并且付诸行动。

何为低质量表扬？就是那种不假思索的吹捧：你太厉害了，你真的很不错，你就是不一样……听着舒服，听完迷糊。学生听多了，就毫无感觉了。

我刚当班主任时，一心想着控制学生，结果逼得学生想造反。老班主任就教我：你要掌握"胡萝卜加大棒"的方法，对学生既要打压，又要表扬。打压学生，我很在行，因为我读书时遇到的几位班主任采取的基本都是打压、贬低和否定学生的教育方式。为了避免误解，我在这里解释一下。二十世纪七八十年代，几乎所有人都信奉"严师出高徒""黄荆条下出好人""不打不骂不成才"的教育理念，因此，班主任打压、责罚犯错的学生就是负责任的表现。但怎么表扬学生，我却不得要领。于是我凭着自己的理解，给学生灌输低成本的"迷魂汤"。刚开始学生还是两眼放光，嘴角含笑，露出一副相当享受的表情。但时间久了，他们对我的表扬也就习以为常，充耳不闻了。

随着专业意识的增强以及专业能力的提高，我把低质量的表扬变成源源不断的激励，将学生成长的原动力释放了出来。学生的成长模式由外部推动变成了内部驱策，师生关系变得空前和谐，我的班主任工作也轻松了不少。

既然如此，班主任需要从哪些方面去激励学生，才能让学生获得持续成长的动力呢？

1. 物质激励。物质激励是指运用物质的手段使受激励者得到物质上的满足，从而进一步调动其积极性、主动性和创造性。我是教师，领着一份微薄的薪水，身后跟着一群无法创造物质财富的穷学生，要怎么给予学生物质上的奖励呢？我可以准备奖品，比如笔记本、笔芯、便利贴、棒棒糖、小玩具等。至于奖金，那就得由家长来兑现了。我给家长的建议是，根据学生的进步情况有针对性地进行奖励。学业方面，根据起始成绩来制定，学生在原有基础上每进步 5 分（每门学科都有奖励，不能笼统算），家长可以奖励 10 块，也可以奖励 20 块，根据自家的经济条件与孩子商量，双方无异议就可以执行。总分名次上，学生每进步一个名次，家长可以奖励 20 块，也可以奖励 50 块，具体金额由双方根据自家条件协商决定，甚至连压岁钱的金额都可以与学生的成绩或名次挂钩。我班一位学生的妈妈可谓将物质奖励做到了极致，因此该学生的学业成绩一直都是稳中有进。

除了学习成绩，我们还可以将出勤、习惯养成、体育训练等项目与物质奖励挂钩。以男生的引体向上训练为例，这个项目的难度比较大，但只要加强训练，学生就可以达成训练目标。我建议家长们给男生设定一个基础数目，比如 10 个（男生要做到 23 个才能得满分），然后鼓励他们训练，在基础数目上每增加一个，奖励 5 块钱。女生则要训练仰卧起坐，这个项目对于体能强的女生来说并不难，但对于体能较差的女生来说就是难事。那么家长也可以根据孩子的体质、速度等给孩子设定一个基础数目。针对灵活性好的、体能强的女孩，基础数目可以定40个，而对于其余的女孩，基础数目可以适度减少。奖励的方式与男生练引体向上是一样的。

很多事情都可以依样画葫芦，家长可以举一反三，照着上面的奖励方式来激励学生。特别要提醒的是，不论是班主任还是家长，只要对孩子承诺了物质奖励，当孩子的成长目标达成时，就一定要兑现。

2.精神激励。精神激励是指精神方面的无形激励，包括向学生授权，认可他们的学习成绩和管理能力，为学生提供自我表现的机会，让他们成为同学学习和羡慕的榜样。具体做法有如下三种。

（1）情感投入。老师的情感是影响学生行为最直接的因素，每个学生都渴望得到班主任的关心和爱护。不少班主任很纳闷地对我说："我觉得我很爱学生啊，我对学生的爱就如滔滔黄河水，但学生感受不到啊。"说实话，我从未直白地对学生表达过爱意，但他们依旧能感受到。为什么呢？因为我一视同仁，我不以分数论英雄，会护弱势学生周全，也会花很多精力来帮助学生建立和谐的同伴关系。我能看见他们的欢乐与痛苦、成功与失败，并对此给予准确的回应。比如学生考试考砸了，从我身边经过时满面愁容，我就会关切地问他："心里很难受？需要我怎么帮你？"通常情况下，学生都会说谢谢老师，暂时不需要，自己可以消化。虽然被学生拒绝了，但我主动向他们表达自己的理解与关切，他们的内心会不会感到温暖呢？班主任对学生的真心与真情、懂得与理解，就是对学生最真挚的情感投入。

（2）树立榜样。但凡学生有了进步，或者在某些方面有长处，班主任都要极力赞扬，然后把这个同学推到前台，使其成为学习的典范，让其他同学为其喝彩。榜样的力量是无穷的，被当成榜样的学生，会激发出向上的动力，不想再回到容易被人忽视的位置。其他学生一旦有了榜样，就会有努力的方向和赶超的目标。暂且不说榜样能带动多少同学一起进步，作为榜样的学生自己能找到持续努力的动力就相当不错了。

（3）给予荣誉。物质固然重要，但如果只有物质，人的精神世界就会空虚。因此，班主任还要不遗余力地挖掘学生的闪光点，给予他们响当当的荣誉。比如发各种形式的奖状——学业的、出勤的、劳动的、活动的等，给学生贴上各种美好的标签——短视频达人、美食博主、绘画小天才、写作高手、环保卫士等。只要学生在某方面展现出一丁点儿才华，我们就给他一顶绚丽耀眼的帽子。我班的雷华同学，论学习成绩，他是班级倒数第一，但他会炒菜，立志做厨师，我给他报了一个"食在光明"的校本课程，并且封他为雷大厨，还说若干年后我班若开同学会，就由他设计菜式。这样一个在学习上找不到任何成就感的学生，从不迟到、早退，既不影响老师讲课，又不干扰同学，打扫卫生、参加活动也绝不含糊。他不自卑，也不胆怯，更不迷茫，他有着非常明确的奋斗目标——当大厨。

低质量的表扬缺乏客观描述，学生听多了，觉得老师在说大话、空话、套话，就会将其当作耳旁风。有效的激励既包含客观陈述，又包含精神赞誉，还包含物质回报，学生很容易接受并且付诸行动。亲爱的老师，少用低质量的表扬，多使用物质和精神层面的激励，你的班级一定会呈现欣欣向荣的景象。

坚持知行合一，强化行动力

这世上有一大批读过很多书，见过很多世面，懂得很多道理的人，但他们依然庸碌无为，为什么？因为他们知而不行，当然也有可能是不懂装懂，因此不知道怎么行动。人活一世，既要有仰望星空的魄力，又要有脚踏实地的干劲。你不能光看见星河璀璨，却不认得"星河璀璨"这几个字。

一说居家上网课，有些学生就暗自高兴，父母要上班，老师鞭长莫及，自己正好趁机"摸鱼"。对于学生的这种心态，我只想说，今年能在家里"摸鱼"，那明年又能去哪里"摸鱼"呢？一个初三的学生，不论怎样减负，不论生活在哪个城市，都逃不了被选拔的命运！

对于我的这种说法，班上不少学生肯定是不服气的，在心里想：我怎么可能不知道初三很重要呢？我怎么可能不知道自己心中所想呢？我可是一个有大梦想、大追求的人！

问题是，他们立即行动了吗？因为是第一次以居家上网课的形式进行教学，我担心学生不懂如何使用腾讯会议，特地录制了一个操作小视频进行详细说明。我在班级 QQ 群和微信家长群里发布了该视频，还特意提醒学生打开看看。行动力强的学生一定会打开视频，照着里面的操作流程做一遍，这样上课的时候就不会手忙脚乱。

有的学生或许会说："老师没有直接发视频给我，我没上网，没看到视频，不知道怎么操作。"我相信有这种情况。因此，为了给学生营造一种线上线下无差别的开学氛围，8月31日晚上，我特地开了将近1个小时的会议。为了召开这个会议，我提前两天就发了通知，陆续发了两三次，要求家长和孩子一起参加，并且叮嘱大家一定要准时参会，因为会议关乎开学诸多事宜，非常重要。

然而，从之后上网课的情况来看路，很显然，在那场会议中，有些同学要么走神，要么中途逃跑，要么压根没进会议室。为何？因为不知道开学典礼时间者有之，不知道实名进会议室者有之，不知道在名字前加编号者有之，个别同学甚至还在群里问如何在名字前加编号。这是社会主义先行示范区的学生该有的样子吗？这是德、智、体、美、劳全面发展的社会主义建设者和接班人应有的表现吗？

光知道大道理有什么用？这世上有一大批读过很多书，见过很多世面，懂得很多道理的人，但他们依然庸碌无为，为什么？因为他们知而不行，当然也有可能是不懂装懂，因而不知道怎么行动。我常说，你可以往"大"里说，也可以往"大"里想，但一定要做好小事情。换句话说就是，既要仰望星空，又要脚踏实地。你不能光看见星河璀璨，却不认得"星河璀璨"这几个字。于是，我给班上学生说了三个大道理，他们若是能听进去，内化为自己的价值观，并付诸行动，那么他们未来的人生一定会精彩纷呈。我是这样说的：

1.知而不行，等于零。就拿本班来说，有些同学是真懂"知识改变命运"这个道理，但就是不想学习知识，因为学习知识是一件辛苦的事，他们吃不得这个苦，总想着如何逃避。有些同学是假装认可"知识改变命运"这个道理，其实心中始终存在这样的想法：难道不是父母改变命运，金钱改变命运，运气改变命运？既然这些改变与知识无关，我为什么要苦兮兮地学习呢？无论是真懂还是装懂，若不去行动，不去探索，便毫无所得。想得再美，都只是想象！若要把想象变成美好的现实，就得老老实实去实践。

2.知而乱行，等于祸。三国的杨修，以他的聪明才智，难道不知道曹操作为军中主帅最看重军心稳定吗？作为野心勃勃的政治家，曹操最不想别人知道他的真实想法。可杨修偏偏因曹操随口抛出的"鸡肋"口令，猜中了曹操的心思。猜中就猜中吧，他还叫随行军士收拾行装，准备返程。他一个随军主簿，操了主帅该操的心，做了主帅该做的事，这还了得？后来曹操以扰乱军心为由，杀了杨修。杨修恃才傲物，最终招致杀身之祸。扰乱军心不过是个由头，曹操早已有杀他之心，只是一直没有找到合适的机会。同学们若想知道详细情形，可以读一读这篇节选自《三国演义》的文章《杨修之死》。杨修的杀身之祸，就是知而乱行的结果。我不希望我教出来的学生成为知而乱行的人。我自己一直谨遵法律法规，不违背公序良俗，老老实实做人，认认真真做事。因此，我要求班上的每位同学，既然要上网课，那就好好上网课。你若是假装上课，实则瞒着老师和家长用手机玩游戏，我肯定不会把你怎么样；毕竟这是你自己的选择，但我一定会看不起你这种学生——你不再是一个小孩子，而是一个少年了。

3.知行合一，有效果。明朝思想家王守仁提出"知行合一"，即认识事物的道理与行事是密不可分的。"知"是对事物的认识，"行"是指人的实际行为。简单说，就是人的认知要与行动相统一。别人的事，我说不清楚，我就说我自己吧。在很多人看来，我是一个非常成功的老师，获得了许多官方荣誉，出版了近20部教育著作，在教育行业内的口碑相当不错。集这些成就于一身，我不排除有运气成分，但是运气的背后呢？是我超强的行动力！我一贯的态度是，不管事情做得成还是做不成，先做了再说。正因为我有超强的行动力，所以我的自我价值感也很强。

作为老师，我将这些道理说给学生听，是想推动学生成长。我说话不留情面，是想激励我的学生，让他们都可以活成自己喜欢的样子，希望他们永远都记得，知行合一才能让人生更圆满！

确立学习目标，找到读书意义

一个人，只有找到了自己活着的意义，才能披荆斩棘，乘风破浪。一个学生，只有找到了自己读书的意义，才能战胜各种困难，把读书当作赏心乐事，而非损耗心灵的苦差事。生而为人，我们务必找到自己活着的意义、读书的意义。如果实在找不到，那么就为自己的人生确立一个意义。

新学期的第四天，也是初三生活的第四天，我所带的班级表面上看起来相当不错：从出勤来看，没有迟到的，也没有旷课的；从作业完成情况来看，大多数同学能按量完成（小部分同学的作业质量不高，我知道这些题目对有些同学来讲，凭借自身学力很难完成，因此也能理解），面对偶尔"加餐"也没有怨言；课堂气氛虽有些沉闷，但学生的听课状态不错，没有人出言不逊，也没有人哗众取宠，似乎都在暗暗努力。

事实真的如我描述的这般吗？真相只在学生心中，我看到的应该是表象，真实性有待确定。但不管表象与真相的出入有多大，努力是否有回报，我都要紧紧地抓住学生，绝不放手，竭尽全力陪他们走到明年的中考。只要在学生进入考场前，我能够云淡风轻地对他们说一句"不用怕，咱们把基础全都打好了，一切就交给运气吧"，就心满意足了。

　　我常对我的学生说："咱们既要埋头苦干，也要抬头看路，天道酬勤的前提是方向正确。"刚进入初三的学生一定要梳理并强化自己这一年的奋斗目标。我为何说"梳理"呢？因为初一的时候，学生都为自己制定了目标，现在也不过是把自己的目标拿出来捋一捋，针对自己的学习能力以及其他基本条件，评估以前的目标是否合理。把目标捋清楚之后，学生就要反复强化自己的目标，要有一种志在必得的决心。比如淳淳、鹏鹏、溪溪、锋锋、标标，他们刚上初一时定的中考目标是深圳中学。那么这个目标对他们而言是不是遥不可及呢？从他们七、八年级的学习表现来看，我承认这个目标偏高，但他们只要跳起来就能够着。有的学生担心自己不是深圳户口，但是从今年的中考招生录取分数线来看，深圳户口并未占到便宜，多所优势学校面向非深圳户口学生的录取分数线还偏低一些。深圳的中考招生政策无疑向非深圳户口学生释放了极大的善意，也给了非深圳户口学生极大的信心。因此，我要说一句：你只管拼搏，老天自有安排！

　　再比如韵韵、棋棋、玲玲、媛媛，我记得她们当初定的目标是宝安中学。参考今年宝安中学的录取分数线，她们可能会有些沮丧，进而信心不足。古人说："取法于上，仅得为中；取法于中，故为其下。"意思是说，一个人制定了高目标，最后有可能只达到中等目标；而如果制定了一个中等目标，最后有可能只达到低等目标。如果她们坚守这个目标，用一年时间去努力，即便最后达不到宝安中学的录取分数线，也能考一个比较好的高中。但如果她们一开始的目标就是普通职校，那她们或许就只能去上职校了。我并非说职校不好，我推崇的是在合理评估自身实力的情况下遵从自己的内心。如果她们确实心仪某所职校的某个专业，确定今后要在该专业领域里大显身手，才主动选择去读职校，那么我为她们感到欣慰。或者，她们原本考进职校的机会很渺茫，但通过努力成功考进了某所职校，那么她们带给我的成就感将不亚于那些通过努力考进深圳中学的孩子。说来说去，我只是希望她们能过上自己主动选择的人生。

又比如婷婷、静静，我知道她们中考之后想去读卫校，学护理当护士。这个目标也很不错。问题是，这个目标是她们随便想想的，还是下定决心想要去达成的呢？这就需要她们想明白，并做出相应的改变了。

我大抵记得班上每个学生的目标。有些学生的目标切实可行，有些学生的目标宏大而空洞，有些学生的目标如雾里看花，还有一些学生的目标渺如微尘……目标一定要明白无误，不能空洞玄乎。比如，每门学科每次考试具体要考多少分数；总分能达到哪所学校的参考录取分数线；明年中考的第一目标是哪所高中，第二目标是哪所高中……目标定好后，每天晚上睡觉前默念三遍，然后调好闹钟，躺下睡觉。第二天早晨按时起床，一边洗漱，一边默念三遍，然后抖擞精神，沉迷于学习，想不成功都难。如果叫醒你的是目标而非闹钟，那么你距离成功就不远了。如果目标叫不醒你，闹钟把你叫醒了，你立即翻身起床，那么你离成功也不远了。总之，有了目标，再匹配果断的行动，梦想就很容易实现。

学生们常对我说："老师，我有目标，我想上盐高（深圳市盐田高级中学）。""我想上红岭中学。""我想上深圳科学高中。""我想上深大附中（深圳大学师范学院附属中学）。"有的学生还说："我的目标感很强。我一想起自己的目标，内心就波涛汹涌，但一说要读书、写作业，内心就风平浪静，然后一边念叨着我的梦想，一边心安理得地'摆烂'。"为什么一个有理想的孩子，却不想读书、写作业呢？因为读书、写作业又苦又累，哪里比得上玩手机呢？教书30多年，我承认，任何深度学习都是很累、很苦的。但是很多人在面对这种苦和累时，偏偏又甘之如饴，这是为什么呢？

在学习《周总理，你在哪里》这首诗时，我对学生说过，读书对于周恩来的意义就是为中华之崛起。那么对于新时代的青少年来讲，读书的意义是什么呢？大而言之，是为了中华民族伟大复兴；小而言之，是把自己培养成一个德智体美劳全面发展的社会主义建设者和接班人。再往小一点说，读书是为了成为一个思想和人格独立，不会轻易被别人奴役的健全之人。知识匮乏、认知低下、能力不足、创造力枯竭，拿什么去复兴？又拿什么去建设和接班？又岂能成为一个独立、健全之人？

我希望每个学生都能找到读书的意义。一个人，只有找到了自己活着的意义，才能披荆斩棘，乘风破浪。一个学生，只有找到了自己读书的意义，才能战胜各种困难，把读书当作赏心乐事，而非损耗心灵的苦差事。我记得我在读书时也追问过自己为何要读书，我当时的回答是，要过一种不一样的生活，那种不同于我的母亲和婶婶的生活，那种生活是由我选择的，而不是命运强加的。至于可以选择一种什么样的生活，我当初并没有想明白，但至少我知道，只有不断地读书、学习，我才有选择的资格。于是，我从内心深处接受了读书这件事，

141

把读书当作一件快乐的事，再苦再累都觉得有滋有味。后来我成为教师，因为立志要做心灵的唤醒者，所以一直都在当班主任。工作之余，我一直坚持读书和写作。为什么我能坚守岗位这么多年，矢志不渝呢？因为我找到了当老师的意义，那就是每个学生的成长都是国家大事，没有什么比学生的未来更重要。正是这份价值感支撑着我，让我乐在其中，不觉得累，更不觉得苦。所以，活着的意义是什么呢？读书的意义又是什么呢？请你们务必找到，然后遵从自己的本心，努力成为最好的自己。如果实在找不到意义，就如毕淑敏女士所说，为自己的人生确立一个意义！

目标为人指引方向，让人心中敞亮，走得更远；意义为人提供动力，让人心中有力量，走得更稳。走得又远又稳的人生，就是无愧于自己的人生！每个学生都该如此，每个老师也该如此。

合理利用胜负心

很多成功人士都有很强的胜负心，但他们的胜负心都用在"如何把自己变得更好"上，而不是与他人比较上。因此，不管外界如何竞争，他们的内心都是自洽的，行动也是从容的。一个不陷入恶性竞争、不轻易内耗的人，才能在人生之路上走得既远又稳。

在教室进行无人监考的测试，教师能放心吗？周五的延时课，道德与法治学科的小测试本应由我监考，可全校教职工大会并未按时结束，我又恰好坐在前排，校长讲得激情四射，我若在众目睽睽之下开溜，委实不妥。于是，我耐着性子坐到会议结束，此时考试时间已过10分钟。

学生会不会觉得我不守时？会不会觉得我不负责任？他们会不会趁机作弊？其他老师的学生会怎么想我不确定，但我了解我的学生。我敢保证，待我进入教室，那些可爱的学生一定在静悄悄地奋笔疾书，即便碰到了难题，也不会偷看复习资料。

散会后，我疾步从五栋走到一栋，再三步并作两步爬上五楼，气喘吁吁地走进教室。

学生抬头看了看我，关切地说："老师不用这么急的，我们知道你在开会。"其中一个学生戏谑地说道："老师，校长也拖堂了吧。"我笑着说："我原本打算到点就开溜，可校长讲得声情并茂，那我必须听完再走。"又有一个学生说："你不回来监考也没关系呀，我们又不会偷看。"

学生真的如他们所说，不会偷看吗？他们不是不偷看，是懒得偷看，为何？

首先，我这个老师的胜负心就不在分数上。不管学生考得有多差，我都没有对他们发过脾气，更没有给予他们诸如"懒、笨、不懂事、不作为"的负面评价。他们考得好，我会温和、从容地对他们说："大家的努力有了收获，我很开心，咱们来找一找获胜的原因，再接再厉。"他们考砸了，我仍然温和、从容地对他们说："大家的努力没有得到预期的回报，我也不难过，因为我们可以就此查漏补缺，避免今后出现类似错误。"说完这些话，我还会补充一句："一个人不能没有胜负心，但胜负心要用对地方，不要去与别人争高低，斗输赢，不要始终把目光放在分数以及名次的变化上，而要把胜负心放在与自己较劲上。我们要借助考试找出自己的问题，及时解决，这样才能在最后的考试中胜出。就好比'放长线钓大鱼'，若没有钓大鱼的格局，又沉不住气，总想走捷径，最后就只能捞到小鱼虾。"

既然找出了问题，查漏补缺就成了最重要的事。每当学生考试失利，我都会恭喜他，因为现在把问题暴露出来是件好事，只有趁早解决问题，扫除隐患，对最后的大考才有帮助。原本哭丧着脸的学生听我这样一说，立马信心倍增，振奋地说："好，我继续加油去。"把学生的胜负心放在解决根源问题上，学生就会形成成长型思维，作弊对于他们了就没有意义了。

其次，我看重过程胜过看重结果。唯结果论的评价方式会扼杀学生的成长型思维,使他们把注意力聚焦在结果上。商业行为中的KPI(关键绩效指标)考核确实很看重结果,但我从事的是教育工作,我要推动的是学生的全面成长,培养的是学生可持续发展的能力,不能只看重结果。在评价学生时,除了结果,我还看重过程,更看重学生本质上的进步。班主任的评价方式改变了,学生的思维方式也会跟着改变,他们会把学习的动机调整到"获得知识,提高认知,优化思维"上。既然学习是为了让自己变得更好,学生就没必要作弊了。

最后,即便考试失利,学生也可以重整旗鼓。考试的目的不是制造失败者,但反复失利确实会让学生产生习得性无助。因此,每次考试之后,老师都要认真点评,帮助学生找出缺漏,并给予补漏的策略,这样学生才能从失败中汲取经验,进而有机会东山再起。学生会认识到,自己没考好不是因为笨,而是因为花的时间不够,没抓住复习的重点,只要后期找对学习方向,抓牢重点,多花一些时间就能进步。只要学生这样想,并且能付诸行动,那么学生的成长型思维就形成了,今后不管从事什么职业,都能把控自己的职场命运。

我观察过很多职场上的成功人士,发现他们都有很强的胜负心,但他们的胜负心都用在"如何把自己变得更好"上,而不是与他人比较上。因此,不管外界如何竞争,他们的内心都是自洽的,行动也是从容的。一个不陷入恶性竞争、不轻易内耗的人,才能在人生之路上走得既远又稳。

改掉任性才有个性

一个真正有个性的人，是别人都坚持不了的时候，他在坚持；是别人都在拒绝成长的时候，他在努力朝着梦想进发；是别人都认为社会很糟糕的时候，他在其中寻找美好未来。

新学期伊始，学校组织学生军训。然而，军训的第二天上午，雅妮就没来，也没请假。按照年级组的要求，如果学生在军训期间不遵守纪律，学校将延缓该学生的入学时间。

雅妮无故缺席，当然是违规了。按照要求，我要通知她的家长到学校来说明情况。从教育的角度讲，这样行事有些小题大做，但从管理的角度讲，我必须这样做。有效的教育是先严后松，无效的教育是先松后严。不论是管理班级，还是管理年级组，我一贯的做法是强势入轨，先稳住大局，定下规矩，把习惯养好，再慢慢地松手。

在雅妮的家长到来之前，我找出了雅妮的调查表，先看她的自我评价：我是一个比较固执的人，也就是说，我很有个性；我喜欢用文字去表达内心的感情；我讨厌做作，我可以安静也可以兴奋，这些状态的切换几乎都是随心情而定；我害怕一个人，喜欢和周围的同学去逛夜市，因为喜欢玩，所以我经常被定义为"坏孩子"，我内心较敏感，较重视友谊。

再看她写的特长：阅读书籍，如郭敬明的《幻城》《临界·爵迹》。我不禁偷偷一笑，心想：这个小妮子，我可要好好"收拾"她一番，我要让她知道什么叫任性，什么叫有个性。同时，我也想借此机会培养她的成长型思维。

当日下午，雅妮的妈妈来了，她是一个看起来很年轻、很内秀的女人。我问她雅妮上午怎么没来，她说："雅妮晚上回来跟我要钱，我说钱要省着花，不能养成乱花钱的习惯，今后收入高还好，万一收入低，日子就很难过。然后她就生气了，我早上叫她来学校，她不理我。她就是很任性，只要没满足她的愿望，她就由着自己的性子来。"

雅妮在自我评价中不是说自己是一个很有个性的人吗？那我也对她耍耍个性。我叫来雅妮，开门见山地说道："我现在是以一个年级长的身份在跟你说话，你明知故犯，你自己说，希望我怎么处罚你？"

"随便！"她回答得干脆利落，果然很有个性。

"很好！我就随便一回，你马上提着你的书包跟你母亲回家，从此以后不要再到学校来！"我说得无比果决。

雅妮再任性，也不敢提着书包扭头就走。因为在深圳申请一个初中学位不是那么容易的，对于非深圳户口的孩子而言，更是难上加难！直到现在，许多非深圳户口的孩子还在等着学位呢。雅妮就不是深圳户口，只要她走，马上就有孩子补位。

雅妮没想到我会这样回答，一时不知所措。

雅妮被我捏中了软肋，不敢吭声。我趁势批评她，其实也是想让她产生一种不快的心理体验。苏霍姆林斯基说："如果孩子在实践中确认他的任性可行，那在他身上势必会产生不堪设想的后果，孩子习惯任性、不听话，久而久之，就会习惯成自然了。"

我黑着脸，厉声说道："雅妮，在军训动员大会上，我当着全年级同学的面宣布了军训纪律，可是你却明知故犯！一个小小的愿望没有得到满足，你就不来学校。我告诉你，这不是有个性！一个真正有个性的人，是别人都坚持不了的时候，他在坚持；是别人都在偷懒的时候，他在努力创造；是别人都在拒绝成长的时候，他在努力朝着梦想进发；是别人都认为社会很糟糕的时候，他在其中寻找美好未来！那么回过头来审视你的行为，是有个性吗？不是，那纯粹是没有道理的任性。我要明确告诉你：任性绝不是有个性，它是思维模式僵化的体现。"

雅妮一改之前桀骜不驯的表情，头也低了下去，或许心里仍不服气，但也找不到任何言辞来反驳我。我也缓和了脸色，柔声说道："明白自己错了吗？"

雅妮点点头，小声说道："明白了。"

"那你希望我怎样原谅你？"我轻柔地说道。

"看你乐意咯。"雅妮回答得很随意。

我脸色一变，提高声音，说道："看我乐意？那就是眼不见心不烦！"

雅妮没想到我作为老师还会这样表达情绪，显然是吓着了，她低着头，用脚磨着地，再也不敢说话了。

我故意沉默了好一会儿，目的就是将不快的气氛营造得更加浓厚，强化雅妮的心理体验。

估计时间差不多了，我才说："你善于写作，但是，你在说话的时候犯了一个极大的错误，那就是不给别人设置言语底线。你每次把话语抛给别人，受伤的都是自己。请你记住，在说话的时候，一定要为自己和别人设置底线，这样才不会伤人，也不会害己！"

雅妮的妈妈也在一旁责怪她，说："平时在家里说话就没大没小，说话不过脑子，你也不小了，要学着怎么说话了。你跟老师道歉，请老师原谅。"

雅妮不是笨孩子，知道我不好糊弄。当然，真正的原因是她不能不读书。于是，她便顺着她妈妈的话，低声细语地对我说："老师，我错了，这是第一次，也是唯一的一次，请您原谅我。"

我也顺势下了台阶，说："学校就是一个给孩子提供机会的地方，只要是诚心向好的孩子，我们绝不会拒之门外！我希望你能真正认识自己的错误，而不是迫于某种压力假装认错。还有一点，我要明确告诉你，那就是什么是个性。'个性'是一个心理学名词，通常指个人心理面貌中与共性相对的个别性，即个人独具的心理特征，可以是要强、固执、坦率，也可以是文雅、平和、柔弱等。你的言语和行为，展现的不是个性，而是任性。什么是任性？百度百科有三种解释，我说给你听听：一是听凭秉性行事，率真不做作；二是恣意放纵，以求满足自己的欲望或达到某种不正当的目标；三是执拗使性子，无所顾忌，必须按自己的愿望或想法行事。你根据这三种解释，对自己的行为进行评估，答案不言自明。我希望你能慢慢改掉任性，成长为一个真正有独特个性的人。"

雅妮"嗯"了一声，算是答应了。我叫雅妮出去等着妈妈，我要跟她妈妈单独说几句话。

雅妮出去后，她的妈妈才跟我说："老师啊，我真的是不好说，我不是她的亲妈。"我很吃惊，问："那你们的感情怎么样？"雅妮妈妈说："感情是很好，我从她三岁起就照料她，视如己出，她也很体贴我。但女孩子大了，又很任性，我若说她，害怕她抵触，不说吧，又怕她变坏。"

我理解雅妮后妈的心情，也明白当后妈的苦楚，于是安抚道："你也不用太着急，今后有事先跟我沟通，我再跟你女儿沟通。我相信凭着你们这么多年的感情，雅妮一定会明白你的苦心的。你先不要跟雅妮说你已经把你们的关系告诉我了，我就装作不知道。你带着孩子回家吧，回去让她爸爸再跟孩子谈谈，她现在读初中了，科目多，压力大，要学会理性地分析问题和解决问题了。"

雅妮的妈妈连声向我道谢，然后带着女儿回家了。

我一直认为，教育孩子不能只有赏识，应该既赏识他的优点，又指出他的缺点，并且要教他怎么改正自己的缺点。不论是父母还是老师，都要以一种积极且合理的态度去对待孩子的错误。陶行知先生说："我们对于儿童有两种极端的心理，都于儿童有害。一是忽视；二是期望太切。忽视则任其像茅草样自生自灭，期望太切不免揠苗助长，反而促其夭折。所以合理的教导是解除儿童痛苦增进儿童幸福之正确路线。"

跑得快不如跑得久

班级活动的宗旨是什么？就是通过这些活动，让学生明白团结、合作的重要性，同时增强学生的班级荣誉感和凝聚力。在活动的过程中，班主任要给学生灌输一个道理：努力争先和争优是每个人的使命，但我们不可以将自己的失利轻易地归咎于环境的不公。

春暖花开的时节，学校为了丰富学生的校园生活，准备举办广播操比赛。消息传开后，班上学生摩拳擦掌，都憋着一股劲儿想在比赛时出风头。这想法当然没错，我作为班主任必须支持。

最初，他们想通过喊口号镇住全场，以别具一格的方式征服评委，但训练几次之后，不得不放弃。因为操场太大，加上做操时人员分散，学生声嘶力竭喊出的口号被空旷的场地冲淡了，气势全无。一个学生给大家出主意：既然场地限制了我们的发挥，我们又没有更好的解决办法，那我们就走常规路子——老老实实做到整齐划一。

说实话，要做到"整齐划一"也不是那么容易的。首先，学生的心意和动作要协调一致；其次，每个人都要有足够的精气神。班上学生在这一点上很难统一，因为有几个学生的动作总是不协调，这不是短时间内勤苦练习就可以改变的。但同学们还是齐心协力，练得很认真。我的想法是，只要每个人都尽力了，进步了，就足够了。不过这个想法被我藏在了心里，言语之间，我总是说要勇争第一。我还激昂地鼓舞大家，说："不想当元帅的士兵不是好士兵，不想争第一的班级不是好班级。"在我看来，想法很重要，想都不想，就不会有行动。当然，行动更加重要，没有行动的话，一切等于空谈。如果行动了，努力了，也没有得到第一，那就淡定一点，后面机会多的是。

再说我班的比赛结果——年级第四名。同学们对这个结果很不满意。我看得出来，颁奖的时候，他们的神情并不灿烂，直到领导宣布我们班还获得了"班级组织奖"，我去领奖的时候，他们才露出笑脸。

回教室的时候，女孩们特意跟在我身后，你一言我一语地表达着她们的失落以及不平。我理解她们的失落，毕竟当初她们那么高调地宣布要拿第一，却没有兑现承诺，现在难免感到尴尬。她们说："六班得第一，主要是班服帮他们加了分，我们之所以没得第一，是因为没有把班服做出来。还有，我们的出场顺序靠前，前面的要吃亏，看看前面五个班，只有我们班得了第四，好名次都给了后面的班级。"女孩们说的有没有道理？我认为还是有一点的，但我不希望我的学生被负能量裹挟。

回到教室，我让学生安静下来，笑着说："我知道大家心里很失落，我们满怀信心地去争第一，结果只得了第四。其实，能获得这样的成绩，我已经很开心了。比起开学初的军训，我们已经有很大的进步了，大家都尽力了，我很满意。至于大家说六班因班服加分，我也承认他们别出心裁，敢于与众不同，必然能给自己的班级增添光彩。为什么我们班没有及时推出班服呢？我的看法是，既然班服是我们的标志，那么我们就要做好，不能为了这次广播操比赛就匆忙做一套。我觉得应该把咱们的班徽印在班服上，这样的班服才有意义、有价值。还有，别的班级做得好，我们应该送上真诚的掌声，而不是找人家的缺点，只盯着别人的缺点看，这种行为很不大气。我希望我们班每个同学都是'额上能跑马，肚里能撑船'的人。只有成为宽宏、大气的人，人生之路才能走得远。俞敏洪说过一句话，我很认可，那就是跑得快不如跑得久。初中阶段是三年，三年的路很长，不能只看我们现在跑得快不快，还要看我们是不是一直在坚持跑。我相信一句话：笑到最后的人笑得最甜。"

学生听我这样一说，个个都释怀了，笑容又回到了脸上。像是安慰，又像是鼓励，他们相互说道："我们班在运动上不占优势，那我们就在学业上争先！"我笑笑，竖起大拇指表扬他们："找到自己的长板，朝着天赋努力，效果才会更明显。有些时候，回避自己不擅长的事情，也是成长型思维的体现。"学生听我这样一说，信心大增，满脸笑容地向我比了一个胜利的手势。

班级活动的宗旨是什么？就是通过这些活动，让学生明白团结、合作的重要性，同时增强学生的班级荣誉感和凝聚力。如果这些目的都达到了，得不得第一又有什么关系呢？当然，这种想法主要是班主任用来平衡自己心态的，因为只有这样想，在面对不如意的结果时，班主任才能淡定，才能激励学生继续努力。反过来说，在活动的过程中，班主任要给学生灌输一个道理：努力争先和争优是每个人的使命，但我们不可以将自己的失利轻易地归咎于环境的不公。

自广播操比赛结束，我就一直在班上强调：找到自己的赛道，不求突飞猛进，但求长期坚持，用勤奋的态度和正确的方法去拼搏，慢慢地跑，长久地跑，一定能跑出一个锦绣人生！

初三时，这个班的学生不论在学习上还是在集体活动中，都得心应手，处处跑在前面，不仅跑得快，还跑得稳，他们的自信心和韧性也渐渐增强。

优化思维方式，增强核心竞争力

一个人的核心竞争力就是积极应对挑战的思维方式，即成长型思维。具有成长型思维的人看得懂事物内部的关系，拎得清事情的轻重缓急，能从思维方式上做出恰当的应对。

某天早晨，我去教室带学生早读，顺便瞥了一眼走廊上的卫生状况。阳台上竟然有两堆老鼠屎！这是谁负责的？我快步走到教室的班务栏前，朝"班级劳动任务安排表"看去，表上赫然写着：小雨。

我挥手示意小雨离开座位，然后将她带到走廊上，指着已经固化的老鼠屎说："小雨，你负责的卫生区域还有一点小问题，麻烦你现在去处理一下。"

小雨看了一眼老鼠屎，急忙辩解道："昨天负责打扫这里的同学就没有擦干净。"她说完就站在走廊边一动不动，大有昨天别人没擦干净，今天我也不必擦干净的架势。

我没有动之以情，晓之以理，而是温和又坚定地指挥道："现在，拿起抹布去卫生间打湿，然后回来把这里擦洗干净，完成后记得用消毒液洗手。"

小雨倒也没有与我争论，照我的吩咐取了抹布沾了水将阳台擦拭干净，然后洗了手，回到教室继续早读。

正式上课前，我将这个小插曲分享给班上学生，并特意说明我没有批评小雨的意思，只是借助这件事告诉他们今后遇到此类事情该如何应对。

当我发现走廊的卫生状况很差，继而找到负责人小雨，要求小雨采取补救措施完成任务时，小雨的应对方式是辩解。如果作为一个职场人，你没有完成任务，无论给出多么合理的解释，都会被你的上级领导视为逃避责任，缺乏担当。那么，面对这种情况，最恰当的应对方式是什么呢？

行动！

没错，行动才是挽救失误的最佳策略！所以当我提醒小雨阳台上有老鼠屎时，小雨的第一反应应该是去拿抹布将老鼠屎清理干净，而不是辩解。作为她的老师，我自然理解她只是在向我解释，并非推诿。但如果是在职场中，她就会被认为是在狡辩，推卸责任。在成年人的世界里，没有人会负责教导你，如果你难以胜任，换个人来代替你即可。当然，行动也有高低段位之分，黑着一张脸闷头行动是低段位的表现，很容易被人误解为心怀不满。高段位的行动则是面带笑容，带着保证完成任务的决心说道："好，老师放心，我马上去处理！"说完，乐呵呵地去拿抹布做擦干净，把不利局面扭转为有利局面。

我安排小雨清理老鼠屎时，她当时没有说话，但表情不悦。好在我是小雨的老师，我不会因此改变对她的看法。但如果是职场上的直接领导呢？他心里或许会这样想：自己的事情没做好，还敢给我摆脸子，你还是靠边站吧。

为什么有些人总是怀才不遇，被人刁难？为什么有些人总是化险为夷，讨人喜欢？差异不仅体现在知识水平的高低上，还体现在应对方式的优劣上。

既然阳台上的老鼠屎没人清理，那么学生体现自我价值的机会就来了：别人做不好的事，或者别人不愿做的事，我能做，并且能做好，我就胜出了！这就是积极的思维方式，也是成长型思维的体现。

具有成长型思维的人看得懂事物内部的关系，拎得清事情的轻重缓急，能从思维方式上做出恰当的应对。小雨的思维方式是：昨天就没擦干净，今天即使不干净也不能怪我。这是消极思维，她平白丢掉了一次为自己加分的机会。在职场，用这种思维方式来应对上级分配的任务的人，永远都没有升职的机会。那些在职场混得风生水起的人，从来不会放弃任何一次体现自我价值的机会。

也许小雨会说："如果我把老鼠屎擦干净了，你根本没看到老鼠屎，我的价值仍无处体现啊。"孩子，你要做的不是每天让我看到你的价值，而是要形成积极的思维方式。因为一个人的核心竞争力就是积极应对挑战的思维方式，即成长型思维。一个人若是拥有了积极的思维方式，还怕别人看不到你的价值吗？你的优秀会让人无法忽视你！

我作为一个老师，讲解书本知识不敢敷衍，传授应试技巧不敢推托，除此之外，我还不遗余力地优化学生的思维方式，为他们启迪人生的智慧！

我希望我的学生在学习上无论是暂时领先，还是暂时落后，未来都能在社会上找到属于自己的风水宝地，开辟出自己的欢乐谷。要达成这样的人生目的，不仅需要积极的思维方式，还需要无穷的生活智慧。而这些，都是可以通过后天习得的。

话说到这里，小雨流露出释然的神情，其他学生也豁然开朗，纷纷点头称是。

对于小雨的"消极"思维，我没有做任何批判，更没有对她的行为进行指责，而是抓住这个契机，对全班学生进行了"优化思维方式"的指导。这种做法本身就是成长型思维的体现，我使学生从辩解、推诿走向立即行动，也将老师们常用的抱怨、指责变成了思维训练，老师和学生在此过程中共同成长了。

激发自我改变的强烈愿望

不要盲目地改变学生，而是要对学生进行全方位的分析，唤醒他们的生命自觉，激发他们自我改变的强烈意愿。班主任永远都是那个架梯子和搭把手的人，真正需要努力往上爬的人还是学生自己。

为了让学生的人际关系在流动中保持稳定，我整理出了最新的座位表。虽然位置调整的幅度很小，但学生依旧很关心自己或者其他同学坐在哪里。

不少老师问过我关于座位编排的原则，还说他们经常为编排座位而苦恼，因为不少学生会为了座位一事吐槽老师不公平。那么我是依照什么原则来编排座位的呢？

1.高矮原则：高者居后，矮者靠前。

2.保护视力原则：视力较差者靠前。

3.人际关系原则：性格不同、观点对立、容易产生矛盾的学生，绝不让他们坐得太近。

4.互不干扰原则：坐在一起就高谈阔论、嬉笑打闹、彼此干扰，只搞关系、不搞学习的学生，一律分开坐，使其"天各一方"。

座位确定下来后，除非有特殊情况需要微调，否则不再变更。所有同学在原有位置上坐足一个月，再从左到右进行平移。

座位编排原则是通过班级议事，经所有同学同意才在班上实施的，推行近三年，没有学生提出异议。

按照这样的排位原则，小D这三年都不可能坐上教室的"C位"（最中心的位置）。但她偏偏打破了排位原则，稳稳当当地坐在教室的"C位"，这又是为什么呢？

这当然不是我一个人的意思，而是科任老师的共识——必须奖励她一个"C位"，她太值得了。寒假七门学科作业，加上体育训练打卡，除了任教道德与法治的我鉴于名额有限没有给她评"优秀"，其他科任老师在作业质量评估中都给她评了"优秀"，并且对她赞不绝口。道德与法治作业没得到优秀，不是她做得不好，而是她看走了眼，少做了一道非选择题，所以我把"优秀"给了其他同学。

为什么小D的作业能得到老师的高度评价呢？

1.书写工整，版面干净，让人看起来非常舒心。

2.无论题目多难，她都会动笔去做，并且从解答过程中能看出她的认真。

3.每科作业完成之后，她都用红色水笔加以订正。

4.假期里，小D每天都在班群里带领大家学习，认真、负责又热情。

科任老师说，不能只给小D一张奖状，要给她实质性的奖励。实质性的奖励究竟是什么呢？科任老师都建议将小D调到教室的"C位"。

无论是与黑板的距离，还是周边的同学资源，"C位"都是最好的。

给她"C位"，不是偏爱她，而是她用自己的勤奋、坚持、热情、靠谱"挣"到的。而"勤奋、坚持、热情、靠谱"这八个字，正好是我们班的班训。她是真正把班训刻到骨子里的学生。不奖励这样的学生，奖励谁？不弘扬这样的精神，又该弘扬什么？

对于寒假作业完成得不够好的学生，教师不一定要严厉批评；但对于做得特别好的学生，教师一定要奖励，否则就无法彰显公平。

其实，小 D 之所以能让每个科任老师都满意，并且获得这样的奖励，主要是因为她的思维方式发生了巨大的改变，并影响了她的行为方式。

我刚教小 D 的时候，她有中度抑郁，甚至产生过轻生的念头，出现过自残行为。

通过与小 D 及其父母深度交流，我找到了小 D 抑郁的症结所在：一是，她认为父母重男轻女，不爱她这个女儿；二是，她认为哥哥对她不好，经常欺负她。她的父母是不是重男轻女呢？多少有一点。但他们听了我的建议之后，也认识到了自己的问题，答应我会适当调整对待孩子的态度。至于哥哥是不是对她不好呢？算不上。只能说哥哥的年龄不比她大多少，心智不够成熟，没有尽到一个兄长的责任。

随后，我找来小 D，告诉她："你经历了什么不重要，重要的是你该如何去解释你的经历。你如果使用消极的思维去看待自己的经历，那么你的人生就是消极颓废的。你就会不停抱怨，整天处在内耗之中。持续内耗会使人抑郁；长期的抑郁可能会使人得抑郁症。"小 D 听了很害怕，问我怎样做才不会得抑郁症。我说："我只是一个班主任，不是医生，我也不能确定什么情况下会得抑郁症，什么情况下不会得抑郁症。但我相信，一个具有成长型思维的人，是不容易得抑郁症的。"

小 D 表示，为了她的健康，为了她未来的幸福，她要培养自己的成长型思维。注意，小 D 之所以有巨大的进步，是因为她主观上想改变自己，她有改变自己的强烈愿望。仅凭这一点，她就具备培养成长型思维的基础了。

我对小D说："首先，具有成长型思维的人最大的特点是乐观。什么叫乐观？就是即便知道天要下雨，也不悲伤，而是乐呵呵地去找伞。即便现状令人不满意，也相信通过自己的努力，可以改变现状。比如，你认为你的爸妈重男轻女，你有没有想过，他们小时候是在什么样的教育观念下成长的呢？如果你知道他们小时候就生活在一个重男轻女的家庭里，你就会明白他们有这样的观念很正常。观念一旦形成，就很难改变。与其强行要求他们改变，还不如我们自己努力，使自己更加强大，然后用自己的强大去感化父母，这样他们就会明白，女孩并不比男孩差，女孩也靠得住。还有，你总是认为你的哥哥没有尽到兄长的义务，但是你有没有想过，他只比你大一岁。青春期的女孩无论是身体发育，还是心智发育，都比男孩早2~3年。这就说明，你哥哥的心智可能还不如你成熟，他又怎么会处处罩着你，让着你呢？"

小D确实是一个非常有灵性的女孩，经我这么一说，她就心领神会了，从此不再颓靡，而是积极参与班级管理和班级活动，每天都过得忙碌而充实。她遇到事情也不再像以前一样钻牛角尖，而是愿意敞开心扉跟我交流，寻求解决问题的方法。慢慢地，小D就从自怨自艾当中解脱了出来，整个人变得积极上进，不管多忙多累，她的生命状态都很昂扬。

小D完成了作业，就会去社区做义工。她说自己在做义工的时候，遇到了很多见识广、品行高、能力强、读书多的小哥哥和小姐姐。在与这些优秀的人相处时，她学会了向上比较，不是攀比物质条件，也不是羡慕别人的优秀，而是向他们学习，向优秀的人靠近。对于小D

的自我了悟，我感到非常欣慰。除了为她点赞，我还附赠了一句话：除了向上比较，还要向下扎根。

小D的成长算是我在培养学生的成长型思维方面最成功的案例了。能获得这样的成功，最主要的原因还是小D有自我改变的强烈意愿。从这个案例中，我也受到了启发，就是不要盲目地改变学生，而是要对学生进行全方位的分析，唤醒他们的生命自觉，激发他们自我改变的强烈意愿。班主任永远都是那个架梯子和搭把手的人，真正需要努力往上爬的人还是学生自己。

换条赛道，做自己擅长的事情

具备成长型思维的人，不会纠结于"我做不好"，而会正确评估自己的长处与短处，扬长避短，找到属于自己的赛道。

我的学生小 K 在每次大型考试中都会找理由请假。最初，我很不理解这种行为，我不是一个以分数论英雄的班主任，在班级里从来没有因为考试成绩而责备过学生。相反，如果学生没考好，我首先会安抚他们，鼓励他们不气馁，再帮他们找出知识缺漏，给予补漏的策略。按理说，学生在我的班级里是非常有安全感的，为何小 K 每次考试都选择逃避呢？

小 K 告诉我，试卷上的每道题目他都不会做，坐在考场里如同受刑，太难受了。成绩出来后，不用看都知道自己是倒数第一，他不想背负这个压力，所以只能选择回避。他甚至放弃了中考，还自行联系了职业学校，打算学习西点烘焙。

我是一个具有补偿心理的人，遇事喜欢挑战，会想各种办法去证明自己。我确实不太认同小 K 这种生命状态，但我尊重小 K 的选择。因为我承认人的差异性，也尊重教育的复杂性，我不能要求一条鱼去爬树，每个人都有自己的赛道。小 K 此举或许不符合大多数人的既定看法，但谁又说得清楚未来的变数呢？我理解小 K，既然在读书这条赛道上难以胜出，那就回到自己的赛道上，或许能跑出令自己和大家都满意的成绩。取长补短不如扬长避短。

我曾经教过一个学生，他的学习成绩确实不太理想，但他非常勤快，手脚麻利，对做小生意非常感兴趣。他利用周末跟着母亲卖水果，挣了不少零花钱。初中毕业在即，该生升学无望，我建议他去读职高，他犹豫了几天，说自己没有喜欢的专业，也不是读书的料，便去城里打工了。

他先是跟着母亲学习做水果生意，随后去蛋糕店学习烘焙。他告诉我，闻着糕点的香味时，他突然有一种开天眼的感觉，觉得自己来到了属于自己的赛道上，他要在这条赛道上逆袭。几年后，果真如他所说，他逆袭了。他成了手艺精湛的糕点师傅，还开了自己的蛋糕店。再后来，他注册了烘焙公司，与各大商场、超市合作，生意蒸蒸日上。

他的成功有运气的因素，确实难以复制。学习成绩不好的他没有选择"头悬梁、锥刺股"的苦读方式去提升自己的成绩，而是采取扬长避短的策略，转换到烘焙这条赛道上，大显身手，令班上其他同学羡慕不已。

以上两位同学的选择，算不算成长型思维呢？选择"我想做什么"，并且付诸行动，这就是一种成长型思维。具备成长型思维的人，不会纠结于"我做不好"，而会正确评估自己的长处与短处，扬长避短，找到属于自己的赛道。

鉴于此，我总是引导学生准确地认识自己，客观、理性地评估自己，进而选择适合自己的人生道路。

1.找到自己最擅长的事情。什么是自己最擅长的事情？就是在同样的时间单位里，相比他人，自己做得更好、更快的事情。

2.找到令自己乐此不疲的事情。要注意的是，此"乐此不疲的事情"

并不包括纯粹的娱乐性活动，而是那种有意义、有难度，需要长时间坚持才能做好的事情，比如画画、唱歌、弹琴、炒菜、修理电器等。

3. 形成正确的劳动价值观。我本人是一个从劳动中获得人生红利的人。我热爱劳动，无论是脑力劳动还是体力劳动，都让我感到快乐，也让我获得成就感和价值感。凡是能通过劳动解决的问题，我绝不推诿，也不退缩。因此，我对于"劳动创造美""劳动让人幸福""劳动创造世界"有着近乎偏执的认同。

我始终认为，一个人即使在学习这条道路上不能走得很远，只要他有一张勤于表达善意的嘴，一双勤于劳作的手，一双勤于行进的腿，他的人生就不可能一败涂地。

可能有人会认为我举上述两个学生的例子是以偏概全，毕竟每个人都是独特的，每个人的人生也是不尽相同的。再说，这两个小孩仅仅读完初中，知识储备完全不够，他们拿什么去与那些大学生竞争？没错，在知识储备层面，他们的确不能与任何一个受过高等教育的人争锋。但他们与受过高等教育的人压根就不在一条赛道上，他们之间根本就不能比较！我想要的，以及孩子本人想要的，不过是平凡而普通、安全而顺遂的人生。

类似上述学生，我教过不少。他们大都已经娶妻生子或嫁人为母了。他们都是平凡人，过着平凡简单的生活，没有一夜暴富，也没有突然走红，但他们活得很知足。我写此文的目的，无非是想提醒所有老师和家长，既然我们知道这些孩子胜不过那些智力和记忆力超群的孩子，为什么不给他们更多的帮助，让他们看清自己的长处，找到适合自己的赛道呢？

如何激发学生的生命能量

只有创造出积极的生命场域，将学生放到这个场域里，学生的生命状态才会发生变化。只要班主任保持成长的心态，给学生做好行为上的表率，再提出明确的要求，班集体就会变成一个积极上进的团队。

对于接班老师来说，能接手一个学生整体性格温和、守规矩、接纳度高的班级，堪称幸运。一般来说，对于这样的班级，保持原状、平稳度过即可，但我对他们的生命状态不甚满意。

班里共20位女生，只有语文科代表何雯欣敢于争先，其余都是温顺的"小绵羊"，存在感相当低，做事也很被动，学习明显缺乏冲劲。我带出来的女学生从来都是不服输的，都是敢为人先、能够掌控全场的女王。看到班上女生这种弱不禁风、与世无争、恬淡寡欲的生命状态，我心里其实是为她们担忧的。我不是说这种性格的女生不好，但我们必须承认，好运向来偏爱积极主动、活泼有趣、敢于争先的女生。

班上男生有26位，除了个别男生有些幼稚、调皮外，其余都是"暖宝宝"。"暖宝宝"当然讨人喜欢，但如果只有暖，没有供暖系统，哪里能迸发后劲呢？

作为初三的男孩，他们不仅要有大气、温暖的外在能量，还要有刚强、果敢的精神内核。可是，我在他们身上看不到这样的内核。

学生的生命状态如此颓萎，我作为一个中途接班的班主任该怎么做呢？他们已经步入初三了，来年六月有一场不可避免的选拔考试。在深圳，中考的压力远远大于高考。如果学生不拿出积极上进的态度，不愿意咬牙承受学习的压力，那么来年他们将无学可上。

他们懂不懂这些道理？他们都懂。他们缺的是执行力，是毅力，是坚持；他们抵制不了生活中的各种诱惑。我该如何帮助他们跳出生命中的各种陷阱呢？

首先，我要求家长给孩子创造一个有利于学习的环境，这个环境必须干净、安静。家长要把房间里所有可能分散孩子的注意力的东西拿走，比如电脑、手机、乐器、玩具等，孩子的书桌上只能放与学习有关的资料与用具。孩子在学习时，家长不要打开电视机，也不要玩手机，更不要打麻将。

其次，我要求各学科老师及时反馈学生在课堂上的表现，课堂作业、家庭作业的完成情况以及各项考试的结果。学生为何沉迷于游戏？因为能够得到即时反馈。游戏通关后，系统立马就会发放奖励，比如一副装备、一瓶神药、一组皮肤等。如果学习也能得到即时反馈，学生的兴趣就会保持得较久。

最后，由我全线出击，给学生"打鸡血"。

我首先利用体育课把20位女生留在教室里，对她们的温顺与配合表示赞扬，之后毫不留情地告诉她们，我不满意她们的生命状态。我带过的所有班级，女生都很强势，都敢为自己发声，都想活成自己生命主场的女王，我发自内心地欣赏她们。当然，我也不反对女生弱柳扶风、甘于平凡，只要她们认真、努力，积极地对待自己的生命，就不枉来这个世界走一遭。

因此，我要求所有女生从现在开始为自己制定目标，包括学习、运动、出勤、交友、时间管理，然后坚持执行。如果连手头的事都无法把控，她们就不要奢望未来。

接下来，我则不遗余力地刺激她们。如何刺激？首先，我必须每时每刻都处于激情饱满的状态。其次，我会不断地干活，用自己的行动告诉女生：只有干，才能活；只有认真干，才能好好活。

很多时候，老师们都幻想着自己有个"金手指"，随便一指就能改变学生的生命状态，但这是异想天开。只有创造出积极的生命场域，将学生放到这个场域里，学生的生命状态才会发生变化。

通过刺激，女生的生命能量果然有所增强，于是我又找准时机把全班男生留了下来。男生的性格整体很温和，甘于平庸已经成为他们的生活方式。

我真心希望这群男生能保持他们的温和，真不希望把他们推到激烈的竞争中去。但是，他们已经进入选拔系统，如果一直这样不温不火地走下去，他们明年去哪里读书呢？在深圳这样的城市，受教育程度过低，他们今后能做什么？就算就业不看学历，他们因为读书太少，见识往往浅陋，与那些优秀的人也根本没有可比性。

我要求所有男生必须想明白几个问题：我想成为什么样的人？我的长处和短处有哪些？我的天赋和爱好是什么？我的行动力如何？我的学习方法如何？我抵制诱惑的能力如何？……

不把这些问题想清楚，男生会一直糊涂下去。那些自甘堕落的男生，其认知水平往往很低。认清自己之后，他们就必须行动。抛却"如果、也许、可能、大概"，义无反顾地行动，这便是成长型思维。

男生自然被我说服了，声如洪钟地向我表态：一定会咬牙向前冲。

他们会不会冲，怎么冲？在没有形成内驱力之前，他们还需要我作为外部力量去推动。

如果这是我自己一手带出来的学生，那么发现他们懈怠时，无论我采取什么方式，他们都很容易接受。但这次我是中途接班，如果强行介入，很容易引起学生的反感。

因此，我采用的是"动之以情＋强攻＋示范"的策略，先用感情打动学生，接着强力推进我的要求，在推进的同时用我自己的行动做示范。

教师怎样行动才能起到示范作用？每次讲课都是激情四射，没有半点疲态；作业反馈非常及时，绝不拖拉；每天去教室特别早，绝不迟到；一到教室立即进入教学状态，绝不无所事事；遇到学生求助立马着手解决，绝不推诿拖延。这就是我们常说的身教了。

我坚持不懈地努力了近两个月，班级面貌确实发生了明显的变化。学生的生命状态从绵软、懒散变成坚毅、勤勉；学生的表情从平和、冷淡变成灵动、热切。这说明，只要班主任保持成长的心态，给学生做好行为上的表率，再提出明确的要求，班集体就会变成一个积极上进的团队。

第五章

懂沟通：帮学生打开心结

准确表达自己的需求，节省沟通成本

人与人之间的隔阂，很多时候都是因为缺乏沟通意识或者沟通不畅产生的。一个成熟理性的人，如果希望别人理解你，就得学会帮别人节约理解你的成本。

进入青春期的孩子，大多活得很别扭，这种别扭源自"别人都不懂我"的烦恼：

"父母不懂我。他们总是在我耳边念叨考试成绩，要求我不停地写作业，还控制我使用手机的时长，干涉我交朋友。

"老师不懂我。他们总是认为我懒惰，拒绝成长，在背地里恣意妄为。他们恨不得我每天一进教室就像疯子一样背书、刷题。

"同学不懂我。他们不知道我有心事，不知道我喜欢吃什么、玩什么，更不知道我对未来的期待和我的精神需求。

"大千世界，芸芸众生，如果能有一个人懂我，那该多好啊！我也想有这样的一个人，我手一抬，他就知道我要什么，会立马把东西送到我手上；我嘴一动，他就知道我要说什么，立即就能接上话；我脸一黑，他就知道我心情不好，会立马来安慰我、鼓励我，给我买好吃的东西，送我心仪的礼物……"

但这里有一个问题，人家凭什么要为你做这么多事呢？若想不明白这个问题，你就会有许多非分之想。

懂一个人的前提是，把自己放一边，以对方为中心，重视对方的感受，全心全意走进对方的世界。要做到这一切，需不需要投入大量的时间来了解你？需不需要经常陪伴你？你要知道，做这些事情需要消耗大量的时间和精力，谁有那么多时间和精力来陪你消耗？

别人愿意了解你，陪伴你，对你好，那是恩情，你此时得到了，彼时是要还回去的。别人不想了解你，也不愿花时间和精力来理解你，那是常情，互不相欠。

在这个人人忙于生计的时代，你若一味索取，不断给别人增加负担，再多的爱也会被消耗，再想理解你的人也会被你的"贪婪"吓跑。

我愿意去理解我的学生，因为这是我的工作。说得庸俗点，我需要这份工作养家糊口，我必须做好。说得高尚点，我喜欢这份工作，只有深入了解我的工作对象，我工作起来才有价值感和幸福感。

我愿意理解我的孩子，因为我与他血脉相通，休戚相关。

我愿意去理解我的伴侣，因为我的余生都与他密不可分，我若不努力去懂他，我们的关系就很难和谐，我就没有幸福可言。

你看看，我愿意在其身上花费时间的，都是与我的切身利益息息相关的人。那么，那些与我毫不相干的人呢？我愿意去了解他们吗？我大概只会说一句：想得美！

既然不能强求得到他人的理解，那么我们不妨扪心自问：我懂自己吗？我的性格有什么特点？我的情绪经常处于哪种状态？我对未来有什么规划？我对身边的人是什么态度？我的学习能力如何？我的价值观是什么？面对一些突发事件，我会怎么应对？

如果你从来没有想过这些问题，那么你确实是一个糊里糊涂的人。别人理解你，或者不理解你，又有什么意义呢？

就我个人而言，我从来不奢望别人理解我。为何？因为我知道自己是什么样的人，也知道自己想要什么。我三观正确，不损人，不害己，不用担心谁来责骂我。我情绪非常稳定，不惹是生非，不求全责备，根本不需要谁来安慰我，也不需要谁来讨好我。我有自己的追求，每天都沉浸在自己喜欢的事情里，生活非常充实，哪有心思去琢磨如何让别人理解我？我也有自己的爱好，无论在哪儿，都可以找到自己的乐趣。我还是一个特别享受孤独的人，即便孤身一人，也可以跟自己愉快地对话。

当我了解自己的时候，别人是否理解我已经不重要了。重要的是，只要我懂得了自己，我就可以帮助身边的人更好地理解我。

如何让别人理解你？

人与人之间的隔阂，很多时候都是因为缺乏沟通意识或者沟通不畅产生的。我认识一对夫妇，女人经常为男人不懂她而伤神。比如三八妇女节来了，女人很希望丈夫送自己一件礼物，可她就是不说。而她的丈夫在感情上又比较迟钝，完全忘记了过节需要送礼物这件事。女人特别生气，却也不爆发，而是采取冷战的方式。她的丈夫百思不得其解，问她怎么了，她气呼呼地说："你自己心里清楚！"男人纳闷，说："我就是不清楚才问你的呀。"女人更加生气了，说："我真是眼瞎了，嫁给一个不懂我的人。"男人又问："你要我怎么懂你，你得说出来啊！"女人气恼地说："你猜呀，你难道猜不到我的心思？"男人苦笑道："我又没有读心术，哪里猜得到你的心思？"女人听到男人这句话，特别受伤，说："你看，你根本不懂我，更不爱我。"男人有口难辩，扔下一句"跟你没法沟通"，转身躲进卧室去了。女人本来就特别委屈，现在丈夫还朝自己发火，她气得大哭一场。

男人粗心、不浪漫是事实，但女人一厢情愿地希望男人理解自己，这种行为也很幼稚。一个成熟理性的人，如果希望别人理解你，就得学会帮别人节约理解你的成本。你必须时常告诉身边的人，你最近在想些什么，你遇到了哪些困难，你有哪些困扰，你需要别人为你做什么，你为什么需要别人这样做，你在得到别人的帮助后是什么感受。

我在饮食方面有一些特殊的习惯，比如我不爱喝茶，因为我一沾茶水就失眠；我从不吃带酸味的东西，一吃这类食物就觉得恶心；我非常抗拒吃蛇肉、狗肉以及蛙肉，一看到这些肉食就会头皮发麻，心情郁悒。如果我直接告诉他人我有这些特殊的饮食习惯，我就不会因此增添很多烦恼。

我还是一个喜欢安静的人。在我读书和写作的时候，我会把这个需求明确地告诉我的家人，希望他们支持我，尽量保持安静。因为我明确表达了我的需求，也向他们提出了合理的请求，我的家人当然会理解我，并照顾我的感受。

说这么多关于我的故事，我就是想要告诉大家：若想别人理解你，就要把自己的需求明明白白地告诉对方，而不是让对方费尽心思来猜。很多时候，就算你准确地表达了自己的需求，别人也未必会理解你。有的是压根儿不想理解你；有的是想理解你，却因思维方式不同而理解不了。准确地表达，只是为了使那些愿意理解你的人更好地理解你。

帮助学生改善人际关系的十条建议

人和人能相遇，是天大的缘分，能长时间友好地相处，更是不容易。因此，班主任不仅要教学生懂得珍惜，还要教学生经营健康、和谐的人际关系。

亲子之间、朋辈之间乃至师生之间产生矛盾，皆因说者乱说话，或听者乱回应。在学生口不择言时，班主任不能一味地批评，而是要帮助学生训练如何正确地说话。假以时日，学生就知道如何得体地表达了。只要学会了正确地说话，学生就能改善与他人的关系，心情就会特别愉悦，生命也会变得舒展。那么改善人际关系的话术有哪些呢？

1. 把"我知道"改为"我立即"。学生小S是一个性格温柔、规则意识很强的男生，但他跟他妈妈的关系很僵。他说他妈妈是一个特别啰唆的人，总是令他烦躁。果真是这样的吗？我与小S的妈妈近距离接触过几次，进行过深入的交谈。我觉得小S的妈妈并不像他所说的那样啰唆，反倒是小S自己，做事拖拉，经常惹得妈妈不快。比如妈妈叫他去倒垃圾，他口头上说着"我知道"，身体却不动；妈妈叫他去写作业，他口头上说着"我知道"，眼睛却一直盯着手机屏幕；妈妈叫他去买瓶酱油，他口头上说着"我知道"，却一直窝在卧室里不出门……小S一口一个"我知道"，但始终不见行动。小S妈妈恼怒了，大发脾气，劈头盖脸地骂了小S一顿。小S特别委屈，对我说："不过是一些稀松平常的事，她犯得着生气吗？犯得着骂人吗？"我告诉小S："你说'我知道'时，其实是在向你妈妈表达抗拒，只要改成'我立即'，你表现出来的态度就是配合。因此，你需要把'我知道'改为'我立即'，'即'字的音一停，你的身体就要行动。这样一来，你妈妈的'啰唆病'立马就好了。"小S按照我的建议进行了自我训练，母子之间的隔阂消除了，关系很快就升温了。

2. 把"我懂"改为"我明白了"。学生小E说话总是硬邦邦的，我每次跟她交代事情，她的回答都是"我懂"。我问："真懂了？"她又甩给我一句硬邦邦的话："我又不傻。"很显然，小E的回应方式存在问题，她还因为这种回应方式被同学评价为"自以为是"。我对小E说："你把'我懂'改为'我明白了'，效果就不一样了。'我懂'是在向他人传递'骄傲自满'的情绪，'我明白了'则是在向他人呈现'谦虚低调'的品质。在人际交往中，人们更愿意看到对方的谦逊，而不是自满。"小E记住了我的话，刻意压制"我懂"的表达欲望，尝试用"我明白了"来回应。同学对她的接纳度一下子就提高了，她的人际关系得到了改善，脸上整日挂着笑容，整个人看起来温和了许多，说话也越发温柔。

3. 把"我解释"改为"我承诺"。学生小J做错事时喜欢辩解，编造的理由也越来越离奇，但其行为始终没有改变。同学和老师都觉得他不靠谱，慢慢地就对他失去了信心和耐心。小J很是沮丧，认为自己并非故意犯错，并且事后都会真诚地解释，为什么总得不到同学和老师的信任呢？我告诉小J，解释虽然可以让别人知道事情的原委，

177

但过度解释会让别人觉得他在推卸责任，我建议他把"解释"改成"承诺"。"承诺"是承担责任，是向别人交付一份保证书。当然，最为重要的是，承诺之后要立即行动，要给出让对方满意的结果。小 J 听后若有所思，答应试着改变。后来，小 J 用"我承诺"和"立即行动"重新赢得了大家对他的信任，也把自己从沮丧的旋涡中解救了出来。

4. 把"我不服"改为"我对此有一些疑惑"。学生小 L 是个急性子，还有些自以为是。每当妈妈指出他的问题时，他都会争辩："我没错，我不服。"结果不仅遭到了妈妈的痛骂，还被贬得一文不值。小 L 非常郁闷，找我倾诉，还说想要离家出走，气哭妈妈。我笑着给他支着儿："你把'我不服'改成'我对此有一些疑惑'，语气一下子就变得柔和了，你妈妈就不会那么生气了。"小 L 刚开始有些抗拒，说："没有用的，无论儿子怎么改变，妈妈还是那个固执的妈妈。"我鼓励小 L 回家试一试，说不定有意想不到的效果，小 L 接受了我的建议。后来，每当受到妈妈的指责时，他就给自己做心理建设，告诉自己"这是亲妈，这是亲妈，不能生气，不能回嘴"，只能温和地说："我对此有一些疑惑，请老妈给我一个合理的解释。"结果他妈妈不怒反笑，说："这孩子怎么一下子懂事了，早这样说，我就不会大动肝火了。"

5. 把"我不干"改为"我还有其他事情"。学生小 Z 是个直性子，说话、做事都不给人留下回旋的余地，直得令人生气。别人向他求助时，他甩下一句"我不干"便扬长而去，留下求助者在原地茫然无措。可想而知，他的人际关系很糟糕，大家都觉得他是一个自私、武断的人。但我知道，他其实是一个热心肠，平时也没少帮助同学，但他的回应方式确实很差劲。我对他说："你活也没少干，忙也没少帮，却吃力不讨好,这是为什么呢?老师给你出个主意,教你得体地回绝别人,那就是把'我不干'改成'我还有其他事情',然后再给对方提供一个解决问题的合理建议。这样一来,被拒绝的人不仅不反感,还会心生感激。"小Z立马领悟,现学现卖,效果很好。

6.把"我不爽"改为"我的心情有点低落"。学生小W进入青春期后有点忧郁,总是没来由地对身边的同学说:"我对你很不爽,别惹我。"同学有时好言安慰,他也会说:"我不爽,你一边去。"这样的回应肯定会使身边的同学疏远自己。不少学生告诉我,看见小W不开心时,他们真的很想去安慰他,但是一听到那句"我不爽"就不想接近他了。每次安抚完小W,我都会说:"你试着把'我不爽'改成'我的心情有点低落',同学对你的态度会更友善。你说'我不爽',别人感受到的是攻击;你说'我的心情有点低落',别人感受到的就是你在求助。"小W慢慢地试着改变,他身边果然多了很多朋友,心中的阴霾也渐渐消散了,他变成了一个快乐的小伙子。

7.把"我觉得"改为"你怎样看?"。学生小F的同学常常说他"刚愎自用、狂妄自大"。小F真是这样的吗?他哪里来的底气狂妄自大?据我观察,小F其实是谦逊的,也很聪明,在班上从未与同学发生过正面冲突。只是不论什么事情落到他嘴里,他都会以"我觉得""我认为"来强调自己的看法,在其他同学看来极其专横,仿佛全天下就数他最厉害。我悄悄地对小F说:"你把'我觉得'改为'你怎样看?',就能摘掉那顶'刚愎自用、狂妄自大'的帽子了。'我觉得'听起来像是你在进行总结,凡事由你说了算;'你怎样看?'是在征询对方的意见,把对方放在心里,对方自然会喜欢。"小F是个聪明学生,我稍加指点，他便洞悉个中奥秘，用言行重新收获了友谊。

8.把"你错了"改成"你给我带来了困扰"。不少学生执着于分辨对与错，总是要别人承认错误，一口一个"你错了"。对方即使真错了，此时也不想承认，一口一个"我没错"。你来我往，不断交锋，最终谁也没赢，大家都不开心。我就对学生说："很多事情很难用'对'与'错'来判断。现在看起来是错的，未来有可能就是对的；现在看起来是对的，未来也许就是错的。咱们不妨把'你错了'改成'你给我带来了困扰'，也就是说，虽然对与错现在很难下定论，但你的言语或者行为给我当下的生活带来了困扰，这是无可置疑的。这样的应对方式未必能马上解决问题，但一定不会生出新的问题。"

9.把"你闭嘴"改为"请听我说"。学生之间也很爱说"你闭嘴"三个字。说实话，这三个字简单、粗暴、有力量，很容易让对方感受到说话者的怒气，进而立马住口。但是，住口之后，对方会服气吗？多半是口服心不服。这样的交流肯定是失败的，同样的事情将来可能会再次或多次出现。因此，我建议学生把"你闭嘴"改成"请听我说"，把命令的语气换成请求的语气，对方听了心里舒坦，矛盾自然就少了。

10.把"你太啰唆了"改为"我一定给你信心"。"啰唆"这个词语，是亲子之间发生冲突时，经常被孩子用来攻击父母的词语。大多数孩子进入青春期后都不喜欢父母在耳边唠叨，但他们并不知道，父母啰唆是一种无奈之举，是因为孩子的行为过于懒散，也就是说，当父母对自己的孩子缺乏掌控感和信心时，他们就会表现得特别啰唆。我对学生的建议是，当父母在絮絮不休时，千万别脱口说出"你太啰唆了"，而要说"放心吧，我一定给你信心"。说完赶紧去干活，一刻不停地做题、背书。父母听到这句话，再看到孩子表现出来的行为，就会信心大增，母慈子孝的场面将再次出现。

　　人和人能相遇，是天大的缘分，能长时间友好地相处，更是不容易。因此，班主任不仅要教学生懂得珍惜，还要教学生经营健康、和谐的人际关系。经营的方法当然有很多，但其中最重要的是要学会充满善意地、得体地说话。哪怕对方出言不逊，只要我们回应得当，矛盾就不会激化，问题也能迎刃而解。

学生被欺负了怎么办？

对于学生之间的矛盾，两头讲理，中间劝和，最后说原谅的方式，往往收效甚微，并不能帮助学生改善人际关系。真正能改善学生人际关系的，不是正确的道理，也不是豁达的心胸，而是让欺负他的人知难而退。

学生之间的矛盾，绝大多数是由一些小事引发的，经过学生的胡乱应对而被放大。事后不是一方受伤，一方得意，就是两败俱伤，矛盾加剧。这些在成人看来无关痛痒的小事，在学生那里就是切肤之痛的大事。大多数班主任对于学生之间的矛盾，都是两头讲理，中间劝和，最后说原谅。我并不否定这种处理问题的方法，但这种方法收效甚微，并不能帮助学生改善人际关系。

真正能改善学生人际关系的，不是正确的道理，也不是豁达的心胸，而是让欺负他的人知难而退。

我教给学生的应对策略非常简单，不动粗、不动武、不需体力、不用心计、易记、好学、可拓展，且立竿见影。不论对方以何种方式（武力另作他论）展开攻击，学生都可采用如下三招：

1.接招。不管对方扔来多大的挑战，都要勇敢接住。接住，表示你不怕，也表示你有实力。

2.出招。所谓"来而不往非礼也",人家扔来了"手榴弹",你接住却不扔出去,炸死的就是自己。扔出去,表达的就是"人不犯我,我不犯人;人若犯我,我必犯人"的英勇气概。坏人都畏惧不怕死的英雄,这是关于人性的真理,必须记住。

3.精准打击。抓住对方的弱点,用调侃、戏谑的语气加以打击,给对方一个深刻的教训:我善良,不代表我没有锋芒;我好说话,不代表我好欺负。

除了这三招,学生还需要为自己准备一件"软猬甲",那就是从始至终保持心平气和。被他人攻击而感到生气是人之本能,但成长就是要挑战我们的本能。因此,不论心里多生气,我们在对手面前都要沉住气!对方出言不逊或故意挑衅,目的都是使你生气。你生气了,对方的目的就达到了,你的弱点将被对方牢牢抓住,从此以后,你就是人家固定的欺负对象。

接下来是实操演练。

1.总是被同学挑衅怎么办?

小Y说他每次下课都会受到小P的言语挑衅,小Y是一个与人为善的孩子,面对小P的挑衅苦不堪言,那么他该怎么走出这个困局呢?

接招:小P挑衅小Y已成事实,小Y即便主动求和也解决不了问题。唯有接下这一挑战,坚决地回击,才能使自己脱困。

出招:站在人多、地势高的地方(如果是在教室,就要站上讲台),然后看着小P,朝他勾勾手指头,大声地吼道:"你过来啊!"

精准打击:说完狠狠地盯着小P。小P只是挑衅,并不想把事情闹大,看到小Y的反应如此激烈,气势汹汹,一定会灰溜溜地躲到一边。

183

2.总是被人嘲笑个子矮怎么办？

小 N 的身高确实比同龄孩子矮小许多。原本他并不在意自己的身高，但一些同学总是借此调侃他，他感到不快，却又不知道怎么回击。

接招：我长得确实不高，主要是因为我的智慧压制了我的生长。

出招：把凳子放到嘲笑自己的同学面前，气定神闲地站在凳子上，说道："看！我比你高，我从此站起来了！"

精准打击：正所谓"山大无柴，树大空心"，你长得再高也是一根"废柴"呀！

3.总是被人嘲笑长得胖怎么办？

小 M 是个可爱的小伙子，可他很自卑，因为总有人嘲笑他长得胖，他应该怎么回击那些嘲笑他的人呢？

接招：我是长得胖，可肉长在我身上，和你有什么关系呢？

出招：我也是没有办法，家里伙食太丰盛，每天都是大鱼大肉，吃得太好了。而且爸妈太爱我了，我如果不吃，他们心里就会难受，我不能辜负他们的好意。

精准打击：我看你瘦成这样，想必每天都吃得不好，有时间的话可以来我家吃呀！

4.总有同学说我太瘦了怎么办？

小 R 说："长得胖被人嘲笑，可我长得瘦也有人不满，总是说我像根晾衣杆，我要怎么回应那些对我不满的人呢？"

接招：我确实蛮瘦的。

出招：这是标准身材，可以上 T 台走秀了。

精准打击：看来你只有坐在台下观看的份儿了。

5.别人骂我二百五怎么办？

小 T 向班主任求助，说班上有同学叫她二百五。她知道二百五是个充满贬义的词，心里很难受，但又不知道如何在不降低自身素质、不伤害他人的情况下反击回去。

接招：你说得对，我一直把自己伪装成二百五。

出招：因为我要以彼之道还施彼身，用你的行事方式与你较量！

精准打击：你这个二百五肯定不是我的对手！

生活中常见的人际困境都可以套用这三招。只要你牢记套路，灵活运用，别人想欺负你就要考虑成本，这种"杀敌一千，自损八百"的行为对他们来说成本太高，自然会放弃。

当学生深受流言困扰时，班主任该如何应对？

新时代的孩子衣食无忧，见多识广，但也处在内卷严重的时代，外部压力很大，所以他们很不开心，很容易自我消耗。因此班主任工作的意义就在于，帮助学生看清生活的真相，减少内心的损耗，让他们拥有获取快乐的能力。

小丫对我说她最近很不开心。她是一个行事和性格都很独立的女孩，什么事会让她不开心呢？原来是外班有个女生告诉她，我们班有女生在背后说她的坏话，还说我们班很乱。

小丫的话里包含两个信息：一是我班女生在背后非议他人，二是我班在别人看来很乱。

这两个信息的真实性究竟有多高呢？

首先，说我班女生在背后非议他人。那么，是谁在非议？在哪里非议？非议的内容是什么？非议的目的是什么？被非议的同学做了什么？非议的内容是否伤害到被非议同学的心灵？

只有解答这些问题才能对传言的真实性进行判断，而不是仅凭只言片语就下结论。听闻一些闲言碎语就进行传播或转述，这种行为极为不妥，因为传播和转述的过程会造成信息损耗，严重影响事情的真实性。

小丫表示，她也不清楚这件事背后的真相是什么，那个向她提供信息的女孩也没说清楚。

其次，说我班很乱。那么"乱"的标准是什么呢？课堂纪律很差，大多数学生处于说闲话、看闲书、做闲事的状态；班级人际关系很差，男女之间水火不容，师生之间互不信任，男生之间打架斗殴，女生之间猜疑不断；学习氛围很差，上课睡觉，下课疯跑，考试成绩在年级垫底；学生人品差，小偷小摸，无端骂人，搞得教室里乌烟瘴气、人人自危。

我扪心自问，我班不存在以上任何一个问题，凭什么人家说什么就是什么呢？

小丫是未成年人，看待问题自然不如我这个成年人客观、理性，也不能像我这样全面分析。但这件事是非常可贵的教育契机，班主任要抓牢这个契机，对学生进行引导，以提升他们的认知，把他们变成善于独立思考的人。唯有这样，他们才不会被他人的言论所左右，才会有自己独到的见解，长大后才会有更好的未来。

于是我对班上的学生说："如果有人告诉你，某某在背后说你坏话或者随意评价你所处的环境时，你怎么应对呢？

"首先，你一定要清楚地认识到，在你面前搬弄是非的人必定是一个好事之人。所谓'来说是非者，便是是非人'就是这个意思。这种'是非人'通常有如下特点：

"1. 不是幼稚，就是愚蠢。成熟的人都知道，守住一个秘密比泄露一个秘密更重要。只有幼稚的人才会将秘密传播出去，给别人增添麻烦。愚蠢的人则是伤人而不自知，甚至得意地将道听途说得来的秘密告知他人，惹得他人心里难受。不管是幼稚还是愚蠢，其目的都只有一个，就是使别人难受。

"2.忌妒心作祟。有些人，忌妒你长得好看，忌妒你比他优秀，忌妒你生活幸福，于是就想搬弄是非让你不快。你不快乐，他就特别快乐。这个世界很美好，但并非每个人都是美好的。我们既要崇尚美好，也要认识丑恶，要做一个单纯而睿智的人，不要做一个单纯而无知的人。

"3.唯恐天下不乱。有些人喜欢添油加醋，飞短流长，制造人际纷争，然后站一边看热闹。

"对于以上三种类型的人，大家不要与之来往，要闻之捂耳，见之转身。如果他们主动凑上来，说自己有秘密要与你分享，你要当机立断捂住耳朵说：'不好意思，我对任何人的秘密都不感兴趣。'聪慧的人都知道，秘密知道得越少，心理负担就越少。你接住了人家的秘密，就要为人家守住秘密，万一某天秘密泄露了，你就要为此负责。

"如果有人告诉你，某某说了你的坏话，说得特别难听。这时你千万不能丧失理智，气得立马去找那个骂你的人算账，而要对这个传话者心怀警惕。因为真正成熟、善良的人不会做流言的传播者，即使要传播，也会收集大量的信息，将事情确认清楚，客观陈述，不给双方造成伤害。"

新时代的孩子衣食无忧，见多识广，但也处在内卷严重的时代，外部压力很大，所以他们很不开心，很容易自我消耗。因此班主任工作的意义就在于，帮助学生看清生活的真相，减少内心的损耗，让他们拥有获取快乐的能力。

利用 QQ 群推动学生有效社交

亲爱的孩子，你一定要明白：首先，你得做一个好人，一个被大众接受并喜欢的好人；其次，你得做一个对世界充满好奇，对未来怀着憧憬的上进之人。这样你才能无惧前路的艰难险阻，高歌猛进，勇往直前，拥抱充满不确定性的未来。

我带的学生即将毕业，初中生活的结束意味着他们又向成人世界迈进了一大步。为了让他们走稳、走好这一步，我利用周一的班会课教学生运用班级 QQ 群进行有效社交。

对于这个话题，我是这样跟学生交流的：

或许你们心中一直疑惑，班主任牵头组建的班级 QQ 群究竟是做什么的？初一时，你可以把它当作同学之间建立情感联系的地方。初二时，你可以把它当作释放情绪、寻找认同感的地方。但是到了初三，这个 QQ 群就要升级迭代了，我们必须强化它的两大功能：一是认真、刻苦学习，给学生提供一个讨论学习的学习场；二是理性、恰当传讯，给学生提供一个提升认知的信息场。

为什么我说咱们的班级 QQ 群是一个讨论学习的学习场呢？因为群里的成员只有老师和学生，不用来学习的话还能做什么呢？我老早就要求你们另建一个群，所有老师都不会加入你们的群，也绝不会通过其他途径来窥探你们的群聊内容。只要你们遵守说话、做事的基本底线，一切都没问题。事实上，你们私下也建了班级群，在群里聊得热火朝天，我从来没有主动打探你们在聊些什么，更没有培养什么"心腹"帮我收集情报。可我不希望我建立的这个班级 QQ 群被你们拿来闲聊、吐槽、斗图，我希望大家在群里向老师请教，向同学求助，保持风清气正、积极向上的学习氛围。

因此，你们必须经常打开这个班级 QQ 群。一是查看老师布置的作业，并及时提交作业；二是及时下载老师上传的课件，消化并吸收知识点；三是关注所有网课信息，及时、准确地找到自己的网络教室，做到不迟到、不早退，不给老师带来考勤的困扰。这是一个可靠的成年人应有的举动。没错，你们现在是未成年人，偶尔出点小差错，我也不会责怪你们，但你们要自觉地以成为一个可靠的成年人为目标进行自我训练，才能越活越体面。很多人在成年之后活得一塌糊涂，就是因为他们在未成年的时候缺乏正确的认知，缺少必要的自我修炼。老师爱学生，必为之计深远。初三这一年，我必当竭尽全力将你们的翅膀锤炼得硕大、坚硬，让你们有机会展翅高飞。

最后我要强调的是，咱们的班级 QQ 群还是一个传递信息的信息场，同学们互通有无，目的是提升认知，开阔眼界。信息可以由大家相互传递，也可以由老师单方面发出。同学们传递信息时要客观陈述事实，理性表达观点，不可夸大，不可失之偏颇。阴阳怪气或趁机起哄，都是幼稚、无知、讨人嫌的行为。对于老师发出的关于班务、学业方面的通知，大家看到之后最好回复一个"收到"，或是回复一枝鲜花、一张笑脸、一个 OK 手势的表情符号等，总之不要装作没看到。老师看到你的回应，不仅能了解你的情况，心里还会感到温暖，觉得自己的学生懂事、有爱，自己再苦再累都值得。如果老师在群里发了一些鼓励大家的信息，比如励志语、哲理故事等，大家可以发一个"谢谢"，也可以鼓掌。最好不要抖机灵，说什么"心灵鸡汤又来了"。或许你说得没错，这是老师为你熬的"鸡汤"，但作为一个未成年人，你在步入社会之前把"鸡汤"喝够，未尝不是一件幸福的事。步入社会后，谁还有时间和心情为你熬"鸡汤"呢？他们要的，是你主动给他们加"鸡腿"，甚至会挑剔你加的"鸡腿"的质量。

亲爱的孩子，你一定要明白：首先，你得做一个好人，一个被大众接受并喜欢的好人；其次，你得做一个对世界充满好奇，对未来怀着憧憬的上进之人。这样你才能无惧前路的艰难险阻，高歌猛进，勇往直前，拥抱充满不确定性的未来。

好的关系就是好的教育

我非常相信一句话，那就是"有好的关系，才有好的教育"。一个具有成长型思维的班主任，一定会想办法提高自己的沟通能力，与学生、家长、同事建立健康的人际关系。

某天下午的第八节课是英语课，英语老师跟我说教室里少了十三个人。我去教室询问缘由，学生笑着说："他们当'神仙'去了。"我惊讶地问："他们当什么'神仙'？到哪里去当'神仙'了？""他们去参加学校艺术节的海选比赛，六人参赛，七人观战。"班长答道。"他们去过神仙日子，我们在这里受苦。"有学生补充道，语气明显不满。

"哦，他们去做'神仙宝贝'了呀，"我恍然道，"那你们苦中作乐，我回头让他们把快乐补偿给你们。"说完，我转身回了办公室。

随后我想起前几天小李和小袁找到我，说他们要去参加学校艺术节的海选。我笑着说："好啊，虽然我们已经进入初三备考阶段了，学校也明确表示初三学生不用参加，但如果你们确实想去露一手，我也支持。"两个学生开心地离去。

只有两个学生给我打了招呼，何以去了十三个人呢？

很显然，有些学生是浑水摸鱼，逃避学习。我生气吗？那倒没有。他们还是小孩心性，贪玩、爱热闹很正常，只是做法上有些不妥。我得让他们从这件事中学到一些东西，这样一来，他们才不会再违规。

次日早上，学生都来了，我让那十三个缺席英语课的学生站起来，随后在黑板上写下一个问句：什么叫尊重？

我用平和的语调说："艺术节活动报名之初，小袁和小李找到我，表达了他们要去参加比赛的愿望，我表示理解，并大力支持。比赛之前，也就是昨天下午第七节课下课后，小袁又到办公室跟我说他要去参加比赛，第八节课是上不成了，要请假，我欣然同意。小袁和小李的行为体现出对我这个班级负责人的尊重，同时也体现了对课堂的尊重。请大家鼓掌，对这两个同学的行为表示肯定！"

教室里掌声雷动，小袁和小李在我的示意下骄傲地坐回下了。

"反过来说，其余同学所采取的行动就没有体现出对班级其他成员的尊重。比如大麦、小辛、小蓝、小林这四位同学，他们都参加了比赛，但事前没有征求我这个班主任的意见，也没有跟任课教师请假。如果说没有请假就去参加比赛的四位同学的行为缺乏尊重，那么剩余的七位同学的行为不仅没有尊重之意，还践踏了班级公共规则，同时也是对其他遵守规则的同学的冒犯。

"这些同学不懂得尊重他人，不代表他们不配得到我的尊重，我不会以其人之道，还治其人之身。我尊重他们私底下做出的选择，但是，我也要遵守规则。他们犯规了，就得接受相应的惩罚。我发自内心地欣赏那两位遵守规则的同学。对于那四位没有表示尊重他人之意，但确实是在参加比赛的同学，我这次表示原谅，希望他们今后不论做什么事，都别忘记遵守规则、尊重他人、尊重自己。至于那七位既没有参加比赛，又没有遵守规则的同学，按照班级惩罚条例，记旷课一次，扣德育积分2分。他们耽误了一节英语课，按规定放学之后要补学40分钟英语。由于旷课带有主观意图，我还要附加一个惩罚，让他们把昨晚耳闻目睹的盛况用文字表述出来，分享给那些坐在教室里老老实实学习的同学，使其在精神层面获得愉悦感。为了保证内容的精彩和完整，字数不得少于600！另外，我要补充说明一下，你们放学之后补学40分钟英语，这时我要陪伴各位学习。显然，这耽误了我的休息时间或者说学习时间，各位该怎么赔偿我的损失呢？当然，钱是不能解决问题的。你们自己好生想想，想清楚了再告诉我。"

下午放学时，七名学生如约留在教室里补学英语。

读书前，我问："从这件事中，各位明白了或者说学到了什么？"

廖同学说："不能逃课，逃课既耽误学习，又破坏了公共规则。"

刘同学说："不应该破坏规则，要学会尊重他人。"

兰同学说："尊重课堂，不能旷课，有事一定要请假。"

陆同学说："要取得上课老师的同意。"

唐同学说："一定要尊重他人。"

朱同学说："要尊重课堂，不可随意逃课。"

张同学说："要尊重任何人、任何事。"

我说："除了这些，我想你们还需要学习我处理问题的方式，我的思路是解决问题，你们的思路是制造问题。凡事以解决问题的思路来处理，就能减少很多麻烦。"

七位同学点头赞同。

我笑着说："那好，翘课事件到此为止。我想说的是一个新问题，你们违规了，按照规定要补上缺席的时间。可现在我已经下班了，这个时间是属于我个人的，如今却被你们占用了，请问你们怎么补偿我？当然，我不是要你们的钱，钱不能解决问题。我只是想要你们明白，你们给别人造成了损失，就要予以赔偿。当然，怎么赔偿应由双方商谈，达成一致就行。"

七位同学面面相觑，毫无主意。过了一会儿，廖同学说："那我们帮你做事吧，复印、跑腿、搬东西之类的。"

我笑得更欢了，说："周裕明是我的御用跑腿师啊，你们把他的活干了，他怎么办啊？他去哪里找存在感和价值感啊？"

那怎么办？七位同学不知所措。

我启发道："最近我身体不好，长期坐在电脑前，颈椎、肩椎、腰椎都不太好，怎么办？"

他们商议之后决定，四位女同学当我的按摩师，每人负责一周，从下周开始。

见女同学找到活儿了，三位男同学有点急了。张姓女同学赶紧为其出主意，说："那给老师洗脚吧。"

其他同学闻言大笑，我也笑弯了腰，不停摆手，说："罢了，罢了，洗脚是比较私密的事，我还是在自己家里完成吧。"

最后，几位男同学绞尽脑汁，在各种设想中找到了方向。

刘同学每天课前帮我拿教学资料，为期两周。

兰同学每天帮我泡茶，为期一个月。

廖同学看刘同学和兰同学把活儿抢了，急得直嚷嚷："别干完了啊，给我留点活儿。"最后经大家商议，由廖同学给我整理办公桌，为期两周。

将学生厌恶的惩罚措施转变为有效的教育，这是有前提的，那就是我与学生已经建立了健康的师生关系。他们信赖我，知道不管老师用什么方式来教育他们，老师的出发点都是正确的，于他们是有益的。

我非常相信一句话，那就是"有好的关系，才有好的教育"。一个具有成长型思维的班主任，一定会想办法提高自己的沟通能力，与学生、家长、同事建立健康的人际关系。

第六章

懂自我调节：及时调整心态

拒绝安排，主动出击

不抱怨，不放纵自己，积极改变现状就是对学生最好的教育。与其沉浸在不满的情绪里，不如想办法改变现状。

多年前，我在一所条件特别艰苦的学校工作，学校给我班分配了一间紧挨着厕所的旧教室。把学生安顿好之后，我环顾教室四周，只见墙壁斑驳发黄，窗棂锈迹斑斑，前后墙壁上的黑板则磨损严重。面对此情此景，按理说我应该停下来感叹一番。但我压根就没有这种心情，而是第一时间带着学生把教室打扫干净，把桌椅摆放整齐，去除窗棂上的锈迹，然后让学生把心安放在教室里。

学生见我乐呵呵地打扫卫生，也积极、主动地协助我打扫教室。随后我对学生热切地说道："虽然我们的教室看起来很破旧，但我们有五十多颗脑袋，可以产生很多创意，我们还有一百多只手，可以做很多事情，我们完全可以靠自己的智慧和双手打造一间美丽的教室。墙壁斑驳不堪，学校也没钱给我们买涂料，没关系，我们可以买那种一毛钱一张的大白纸，经费由我承担。五名女生负责积存足够的面粉，我负责将面粉熬成糨糊。十五名女生负责收集糖纸并将其折成花朵，剩下的女生负责将糖纸花贴在墙壁上。男生则负责将大白纸贴在教室四周的墙壁上，遮住所有的斑痕。"

白纸覆盖的墙壁雪白干净，加上五颜六色的糖纸花，教室一下子焕然一新。我还把学生与科任老师的照片打印出来，张贴在教室的后墙上，"风采魅力一角"的班级文化园区就初具雏形了。同时，我还向毛笔字写得最棒的同事求赐墨宝，将其粘贴在墙上，教室的文化氛围一下子就提升了。

没有钱买花瓶，我和学生就把矿泉水瓶切开当花瓶。没有钱买鲜花，我就发动学生把家里的丝瓜子儿、葵花子儿拿来种，甚至去田间、地头挖野花来种。慢慢地，教室的窗台上花红叶绿，窗棂上还挂着鲜嫩的丝瓜。

我和学生就在这样的教室里实现了蜕变。我形成了坚定不移的教育信念：不抱怨，不放纵自己，积极改变现状就是对学生最好的教育。学生则深刻认识到，与其沉浸在不满的情绪里，不如想办法改变现状。也正是由于具有事必躬亲、积极改变的思维方式和行动力，我所带的班级总是活力四射，努力又上进。

我把这段经历写出来，是想告诉年轻的班主任，永远都不要抱怨条件不好。条件不好，我就改变条件；没有条件，我就创造条件。也不要抱怨学生不好，学生不好，我就好好教导。总之，只要是有利于学生成长的事情，我从来都不会等待领导安排，一定会想办法主动出击。

某年7月的暑期工作会议上，学校领导通知我继续留在初三年级，9月接手新一届初三某班的班主任工作兼语文教学工作。

我虽然提前得知了自己的新工作，但离开学还有一个多月，我有必要提前开展工作吗？其他中途接班的班主任或许会选择"安心度假，开学再说"。但依照我的工作作风，我一定要早做打算，进行预热，绝不允许自己开学忙得晕头转向。那我是怎样预热的呢？

首先，我主动联系了前任班主任，索要学生的期末考试成绩单以及与学生有关的其他信息。我利用暑假全面分析学生的成绩，制订新学期的提升计划；记住学生的名字，琢磨学生名字的内涵，给他们贴一些积极上进的标签；厘清学生的户籍信息（户籍对深圳学生的升学至关重要），以及他们家住何方，有何爱好和特长等。也就是说，我通过数据与文字信息全面了解了学生。有效教育的前提是了解学生，这句话不能只记在脑子里或写在纸上，还要用行动来诠释。

其次，我建立了班级微信群，邀请全班学生入群，通过闲聊的方式与学生建立关系。等到开学，学生或许不熟悉我这张脸，但他们了解我的性情、教育理念、说话方式等，我们是非常熟悉的陌生人。这样一来，我和他们的磨合期就会缩短，工作很快就能上手。

最后，我根据前任班主任提供的信息以及学生提供的情报，有选择性地对学生进行家访，其实主要是为了拜访家长。责任心和参与感都很强的家长是我的首要拜访对象，他们将成为家委会的中坚力量。对于威信高、有见识的家长，我也去拜访，他们将成为我建章立制的支持者。而针对那些成绩中等、有上升空间的学生，我也去拜访其家长，给他们打气、鼓劲，使其参与孩子的成长，成为我这个空降班主任的助手。

由于我主动出击，前期的准备工作做得很充分，因此一开学我就能轻松上手，没有出现手忙脚乱的情况。学生踏实而笃定，对我很服气；我忙而不乱，感觉很顺心。师生第一次相遇，彼此都觉得很美好，这就为以后的工作打下了良好的基础。

我做了30多年班主任，很多人问我为什么可以坚守这么久。我扪心自问，这不叫坚守，因为我并不觉得艰苦，自然也就谈不上坚守。我很享受这份工作，它给我带来了很强的成就感和价值感。我不用去坚守，我只要待在我的教室里，用心陪伴我的学生，与他们一起开开心心地过日子，就可以了。

　　只要是能够推动学生成长的事情，我无不主动出击，绝不会等待领导安排。但是，对于那些对学生毫无益处，有时还可能起反作用的任务，我就会拖延时间或者变通处理。作为教育者，胜负心和责任心应该放在哪些事上，我们心中要有数。

发扬主动精神，和学生一起成长

教育是有用的，不过取决于班主任的思维方式。如果班主任的思维过于消极，他就会认为学生不可教化，从而放弃努力；但如果班主任拥有成长型思维，他就不会轻易评价或放弃学生，而是会寻找各种机会激励学生，带着学生一起奔跑。

每每回想起我的青春期，我对母亲的感恩之情就油然而生，不为其他，只为我能无风无浪、平稳顺遂地度过青春期，为我没有因为叛逆而错过成长的季节。为什么母亲能让我规避成长的风险呢？

这要得益于我母亲的成长型思维。她只要看见我闲着，就会找活儿给我干。她说，这个世界上只有一种人不干活，那就是死人。在她的训练下，我成了村子里最勤快的女孩。

由于喜欢干活儿，我受到了长辈的称赞，内心很有成就感；由于喜欢干活儿，我远离了是非，情绪非常稳定；由于喜欢干活儿，我的存在感和价值感都很强。一个被众人喜欢且称道的学生，怎么可能叛逆呢？一个远离是非，又能找到存在感的学生，只会越发努力，想办法让自己变得更好。

当了老师之后，我不管获得多大的成就，喜欢干活儿的本性也从未改变。每天进入教室，我干得最多的便是"活儿"，说得最多的便是"干活儿"。教室地板不干净，我立即动手打扫；黑板没擦，我立即动手擦掉；学生没有读书，我立即组织他们开口朗读。总之，我不抱怨，不呵斥，也不置身事外，而是立即动手干活儿，一边干，一边对学生说："干活儿！"

干活儿是我个人的需求，与学生是否喜欢无关，与学校领导是否看见无关，与学校各部门是否考核无关。

我每天一站上讲台就收拾讲桌，然后提醒科代表收作业，带领大家读书。他们读书时，我就在教室里找事做，实在找不到事做，我就读书或者写作……总之，一刻不停地干活儿。

每天、每周、每月、每学期、每学年，我一到班级就去干活儿。不论是集体的活儿，还是我个人的活儿，我都孜孜不倦地干着，干活儿让我内心充实，心情愉悦。工作30余年，我从未请过病假，生小孩也没耽误工作。我生小孩正值寒假，寒假结束我就上班了。不是我想当先进，而是我一直认为，如果不干活儿，我的身体就废了。因为一直在干活儿，所以我浑身充满了力量，我的身心都处于良性的循环中。

可是，某一次中途接手班级时，我发现该班的学生竟然不想干活儿，他们的生命状态跟我的生命状态完全不匹配。那么该班学生的生命状态究竟是什么样的呢？每天，他们都按时来到班级，入室即入座，入座即发呆。他们双目无神，表情僵硬，四肢无力，懒洋洋的，仿佛没吃饱或没睡够，整个班级被一股颓靡之风笼罩着。我突然明白了这个班级为何屡战屡败，因为他们根本就没有奋战。

师生之间的生命状态差距巨大，要么我降低要求，屈从学生，变得像他们一样懒散；要么我推动学生，把他们变成积极上进的奋斗者。

权衡利弊后,我选择了后者。

要想让班级重新焕发生机,学生就必须干活儿。干手头的活儿,干能干的活儿,干最迫切的活儿。可是怎样才能让他们干活儿呢?

1.用"近的思维"武装学生的头脑。我问班上的学生:"你们人人都有很多想法,为什么很少达成目标呢?"我又说,《为学一首示子侄》里写道,四川边境有一个富和尚,总是在筹谋买一艘大船去南海,想得很多,也想得很远,但他最终没去成南海。相反,同处在四川边境的穷和尚却完成了南海之旅。富和尚的问题出在哪里?他习惯运用"远的思维"思考问题,想的都是遥远的事情,却没完成手头的、可掌控的事。那么穷和尚为何能达成目标呢?因为他运用的是"近的思维",着手解决当下的问题,各个击破,最后问题没了,目标也达成了。因此,大家在制定目标后,不要去纠结目标是否能实现。未来太遥远,难以掌控,我们只能掌控当下的事。比如英语早读可以背多少个单词,语文早读可以背几首古诗,数学课上可以做几道数学题,体育训练时可以做多少个仰卧起坐或引体向上……这些都是可以掌控,并且可以立即去做的事情。我们每天都把自己能掌控的事情做好,假以时日,预定的目标就能达成。

因此,我每天都会问班上的学生:"你做好手头的事情了吗?"

在我持续不断的追问和提醒下,学生的目光变得炯炯有神,脸上渐渐流露出自信,身体相较以前也更加强壮。有位学生变化最明显,他以前可是有名的"睡神",现在虽然偶尔也会打瞌睡,但更多时候都是振作精神在听课。

2.把自己变成永动机。我给学生的直观印象就是每天劳作不辍,精力无限。我要求学生干活儿，自己可不是只动嘴不动手，我是手和嘴并用，有时甚至懒得动嘴，我认为动手比动嘴更有力量。作为一个资深教师，我都在干活儿了，学生有资格不干活吗？学生想堕落都没资格！

从心理学的角度讲，人是很容易被感染的。我每天积极地工作，竭尽所能地释放我的热情，就算学生资质差，他们也会被我的满腔热情感染。

如我所料，班上不少学生深受我的影响，他们变得行动迅速、积极上进。比如沉稳的鑫鑫、忠厚的俊俊、聪明的鸣鸣、活泼的欣欣、阳光的瑞瑞，他们相比上学期都有了很大进步。看起来与世无争、无欲无求的云姐儿，相比上学期竟然进步了 150 名。看似调皮、实则单纯的涛哥，也进步了近 80 名。

3. 把自己变成强势的督促者。我当然不想成为一个督促者，太累了！我曾经带过的一个班，学生初三那一年根本用不着我督促，他们自己就在猛跑，我能做的无非是提醒他们不要跑得太快，将力气留到最后使。但这个班的学生不会自己跑，需要老师督促，而学生的成长是有季节性的，一旦错过便是老师的过错。

因此，只要看到学生在教室里无所事事，我就会厉声喝道："干活儿！要想活得好，就要干得好，赶紧干你手头的活儿！"我这一吼，犹如当头一棒，使那些沉浸在遐思中的学生清醒过来，赶紧低头学习。

我坚持督促了两个月，虽然有些累，但好在卓有成效。以前不写作业的学生终于写作业了；以前不交作业的学生开始交作业了；以前只听指令不见行动的学生，也能做到听见指令立即执行了。

这就说明，教育是有用的，不过取决于班主任的思维方式。如果班主任的思维过于消极，他就会认为学生不可教化，从而放弃努力；但如果班主任拥有成长型思维，他就不会轻易评价或放弃学生，而是会寻找各种机会激励学生，带着学生一起奔跑。

积极回应学生，提供情绪价值

"积极主动式回应"的语言表达没有固定模板，但万变不离其宗，回应者必须真诚地表达认可、赞赏、支持等态度，要关注对方的心理需求，给对方提供情绪价值。

什么是爱？爱是看见、懂得并回应。这个"爱的公式"不仅适用于建立亲密的两性关系，也适用于维护亲子关系和师生关系。

事实上，很多人能做到"看见"，却并不懂得，更不会予以得体的回应。作为一名资深班主任，我经常会因为收到学生的不当回应而哭笑不得。新班主任多半会为此难过，但与这些学生的家长交流之后会发现，他们在家里与父母也很难建立健康、和谐的亲子关系。那么他们是怎么回应的呢？我举几个自己亲历的例子给大家看看。

在上《增强生命的韧性》一课时，我请学生讲述他们曾经经历的挫折。我连着请了两个学生，一个说自己不记得了，另一个说自己没有遭遇挫折。进入青春期的学生确实很难在大庭广众之下讲述内心的秘密，这一点我能够理解。于是我轻描淡写地说道："没关系，我来开个头。"

我特别认真地说："2019 年，我申报了中学德育正高级教师职称，学校通过了，区里也通过了。去市里答辩的时候，评审组长拿着我的职称申报表,一脸严肃地说:'你一个教语文的老师,竟然申报德育职称,你心里没数吗?'听着她的咄咄质问,我真是羞愧难当,恨不得找个地缝钻进去。

"果不其然,我的职称评定当场就被评委否决了。我的心情非常沮丧,情绪非常低落,我垂头丧气地回了家。有好长一段时间,我都特别郁闷,做事也打不起精神,很想自暴自弃。但很快我就想通了,这些年,我守着自己的班级,认认真真做班主任,在德育领域里精耕细作,哪一件事是为了评职称做的呢?既然我的初衷不是评正高级教师职称,那么没评上,我又有什么可难过的呢?

"想通之后,我立即打起精神,一如既往地读书、实践、写作,与学生一起成长。2023 年 8 月,我再一次申报中学德育正高级教师职称,没想到轻而易举就成功了。试想,如果当初我被这个挫折吓着了,选择抱怨和放弃,那么,2023 年的职称评选就没我的事了。"

说到这里,一个男生突然大声回应道:"这件事情你肯定要吹一辈子!"他话音一停,其他学生哄然大笑,看我的眼神也变得奇怪起来。

我笑着说:"是啊,我不仅要在你们面前吹,还要在下一届学生面前吹,甚至还要在我的子孙面前吹!既拿得出证书,又拿得出成果,我当然要吹,要大吹特吹,不吹别人怎么知道啊!"

那名男生的回应方式叫"消极主动式回应",这种回应听起来像是责备、否定,很容易让听者伤心、尴尬、没面子。它传递的信息是:我不认可你,我想打击你。就算他本人主观上没有这个意思,也很容易被理解成这个意思。

有一天,我真诚地表扬一个学生,我说:"标标,你的作文开头使用了开门见山的写作方法，中间还使用了比喻、拟人等修辞手法，文采斐然，结尾又有深刻的哲理，让人大受启发。看到你这篇文章，我真的太开心了，我要给你点赞。"

按理说，得到老师真诚的表扬，任何一个学生都会非常开心，深受鼓舞。但是标标是怎么回应我的呢？

他睁着眼睛，将信将疑地说："是吗？也许吧。"听到这样的回应，我故作惊讶地说："在你眼里，我是一个无知的老师吗？我是一个阿谀奉承、故意讨好自己学生的老师吗？我连自己学生的优点都看不到吗？"这样的对话使我与标标的师生关系看上去并不和谐。事实上，我与标标的关系特别好，他特别尊敬我，只是他习惯了胡乱回应，让人听着心里难受。

标标的回应方式叫"积极被动式回应"，这种回应听着就让人生气。它传递的意思是：也许你讲得很对，但我不喜欢听你谈论这个话题，我觉得你在忽悠我。

还有一种学生，不管你讲什么，他的回应都是"呵呵""哦""嗯"。这种是"消极被动式回应"，它传递的信息就是：我对你这个人，对你所执教的学科，都不感兴趣。是不是有一种被轻视的无奈感？

这些都是不得体的回应。作为老师，我们是不是会非常介意学生这样回应呢？我问过身边很多同事，也扪心自问过，我们都觉得可以一笑置之。学生年纪还小，我们何必与他们计较呢？

教师的确没必要就这类不当回应与学生置气。但如果班主任对学生的表达习惯毫无觉察，不传授更好的回应方式，我觉得这就是不作为。

我时常想，我教学生不过三年，他们的人生还有几十个三年。我希望他们未来有幸福美满的家庭，有蒸蒸日上的事业，有应对各种变故和风险的能力。既然如此，我就必须在这三年里为他们未来的人生打好基础。

教学生学会正确、得体地回应，便是我为他们的人生所打的基础之一。那么，怎样的回应才算是正确而得体的呢？那就是"积极主动式回应"。这种回应传递出来的信息是：我欣赏你，愿意与你建立健康的人际关系，愿意与你进行愉悦的人际互动。比如：

1.老师在课堂上与学生分享自己的人生经历。

学生的回应方式应当是：

老师，想不到你还有这样精彩的人生经历，真是令我们羡慕；

老师，想不到你也遭遇了挫折，但你挺过来了，值得我们学习；

老师，不论你以前是成功还是失败，你永远都是我们的好老师；

一些学生可能会说："我懂老师的心理，但我嘴笨，不会说好听的话，那我该怎么回应呢？"如果嘴上说不出，我的建议是用行动来表示。比如面带微笑，认真地听老师讲课；按照老师的要求做笔记，完成作业；课间帮老师抱作业、拿教材、擦黑板等。这样的回应也特别暖心。

2.学生违规被老师抓了现行，老师很生气，大声批评学生。

学生的回应方式应当是：

老师，这件事情确实是我做错了，我承认错误，老师你批评得对，我一定改正；

老师，虽然你批评了我，但我知道这是我的问题，我是不会闹情绪的。

有些学生胆子小，面对老师的批评不敢用言语回应，但若错在自己，那么至少要表现出惭愧、悔恨的样子。

3.自己的优点被老师发现，老师对此大加赞赏。

学生的回应方式应当是：

谢谢老师看到我的优点，我也觉得自己很不错；

谢谢老师对我的鼓励，我一定会再接再厉，不让你失望。

"积极主动式回应"的语言表达没有固定模板，但万变不离其宗，回应者必须真诚地表达认可、赞赏、支持等态度，要关注对方的心理需求，给对方提供情绪价值，不可用敷衍、否定、嘲讽、曲解、打压的语言去回应对方。

我见过夫妻变怨偶，亲子变仇敌，师生变陌路，其中一个重要的原因就是说者暴躁，应者拱火。因此，班主任教学生学会得体地回应，是在为学生的一生谋幸福。

少抱怨，多行动

一个内心充满怨气的人，要么暗自神伤，要么不断抱怨。前者攻击自己，令自己身心受损；后者攻击他人或环境，不仅得罪人，还于事无补。唯有立即行动，才有可能改变现状，才能在行动的过程中洞悉真相。

我不是完美主义者，因此也算不上挑剔的人，但我对自己、对我的学生都有非常明确的要求。一旦达不到要求，我心里就会着急，虽然不会因此对自己或者学生产生不满，但我会立即行动，把自己不满意、不接受的事情重新做一遍，直到自己满意为止。

为什么我不喜欢抱怨呢？因为我始终认为，一个内心充满怨气的人，要么暗自神伤，要么不断抱怨。前者攻击自己，令自己身心受损；后者攻击他人或环境，不仅得罪人，还于事无补。唯有立即行动，才有可能改变现状，才能在行动的过程中洞悉真相。

有时进入班级，我放眼一看，教室地面脏乱，讲台也很凌乱。面对这种现象，若说心中毫无波澜，那我必然是在撒谎。但我不会对学生发脾气，更不会随意评价学生的行为，而是转身去拿笤帚和簸箕，一言不发地清扫垃圾，整理讲台。很快，教室就变得整齐而干净了。我趁机对学生说："请同学们低头看看周边环境，相比我动手之前，是不是更顺眼了？"顺着我的话语，学生低头看地面，歪头看四周，然后会心一笑，大声答道："确实更顺眼了，比以前好看多了。"负责打扫卫生的学生闻言，羞愧地低下了头。我也不责怪他们，而是意味深长地说："以往大家说'劳动创造美'，都是在生硬地念文字，脑海里没有任何美的画面。今天，大家看看教室，以后再说'劳动创造美'，必定会产生极强的画面感，对这句话的理解也会更加深刻。"

我一直认为，劳动教育就是老师的动手教育。既然我们总是告诉学生劳动创造美，劳动有意义，那么老师就要通过劳动向学生证明劳动确实可以创造美，确实很有意义，而不是抱怨学生懒惰，抱怨教室脏乱差。

老师们常常问我："钟老师，你的学生中有不想写作业的吗？"我如实告诉他们，当然有不想写作业的学生。特别是建班之初，不仅有学生不想写作业，还有不少学生真的不写作业。但是过一段时间，学生不写作业的现象就减少了。现在我可以非常明确地说我所任教的学科目前没有学生不写作业。为什么呢？因为我不抱怨，只行动。我承认，现在学生的作业确实很多。尽管单科的作业量不算大，但把各个学科的作业加起来，总量就很大了，因此学生总想找机会不写作业。对此，我表示理解。学生在写作业时悄悄地打折扣，我也没有表达不满，而是亲自动手，与学生一起写作业。我用黑色水笔写作业，用红色水笔批改，并及时订正错题。每次上课评讲作业时，我都会把我写的作业当作展品让学生观摩。我展开我的作业，在教室里来回走动，极其认真地对学生说："我的诚意够不够？我写作业的态度怎么样？"学生回答道："太有诚意了，做得太认真了。"我不断地强调自己的行动力，强调我与学生一起面对难关，学生就会信服我，自然也会重视我布置的作业。

作为班主任，我们难免会遇到一些不负责任的家长，他们平时对孩子不管不顾，待孩子成绩出来就打压孩子。多数班主任采取的策略是表达对家长的不满。我对不负责任的家长当然也有看法，但我不会去抱怨家长。抱怨省时、省力，只需要把自己的不满情绪发泄出来即可，但它有用吗？答案不言自明。那么我会怎么做呢？

首先，我会到学生家里进行家访。走进学生家里，看学生的生活环境，听学生家长的教育理念，用心倾听学生家长的人生故事。通过这些或生动或乏味或零碎或完整的人生故事，我就能充分了解学生家长的难处。我知道他们需要的是帮助，而非指责。

其次，我会根据学生的表现、家长的认知，给家长开设家庭教育课程，教他们如何读懂自己的孩子，如何与孩子沟通，如何对孩子提出明确的要求。当我全心全意地帮助家长解决问题的时候，家长不仅对我产生好感，而且愿意为孩子而改变。

不论是教学还是带班，抑或与家长交往，我都不喜欢抱怨，我喜欢的是立即、马上、一刻不停地行动。事实上，也正是因为慎于言、敏于行，我才能赢得学生的热爱与敬佩、家长的信任与支持，我所带的班级才越来越优秀，我的教育之路才越走越宽广。

不念过往，珍惜眼前

师生关系是相当脆弱的，稍有不慎就会破裂。一个中途接班的老师总是在学生面前表达自己对以往学生的惦念，请问你把眼前的学生放在哪里？你让他们怎么接受一个总是拿以前的学生与现在的学生比较的老师？你让他们如何喜欢一个对他们心存芥蒂、心怀不满的老师？

很多资深老师总爱感叹：真是一届不如一届啊！想当初我教的那些学生，听话又勤奋，单纯又上进，怎么现在这些学生就大不如以前了呢？

以前的学生真的有那么好吗？是不是狡猾的大脑自动屏蔽了以前学生的不好，只留下了美好的回忆供我们咀嚼呢？还有，眼前的学生真的有那么不堪吗？

一些中途接班的老师，总爱拿眼前的学生与过去的学生相比较。这一比，各种不满就出来了：我以前的学生多懂事多自觉啊，怎么现在的学生又刁又懒又不学习呢？

以前的学生真的有那么完美无瑕吗？我看未必吧！当初在教人家的时候不也恨铁不成钢地说："我以前带的班级比你们强多了！"

我把这种总是沉溺过去、否定当下的教师戏称为"九斤老太"。

鲁迅笔下的九斤老太看不惯新生事物，留恋过去，有很强的封建守旧心理，对新的生活感到困惑与惶恐。那么教师队伍中的"九斤老太"是什么样的呢？就是思想不能与时俱进，认知不能及时更新，对不确定的事情充满恐惧，对学生出现的新问题束手无策，只能否定当下的学生以达到心理上的平衡。当然，还有一个很重要的特征，就是惯于逃避责任。

中途接班的老师如果以"九斤老太"的心态与学生相处，那我不得不说，你的处境将非常尴尬。

我在接手某班之前，梳理了以前所带班级的优点，梳理这些优点并非要以此攻击新接手的学生，而是想将这些优点润物无声地带到新班级，让每个孩子在不知不觉中受益。梳理完毕，我就将以前的学生藏在内心深处的某个角落，然后全心全意地关爱眼前的学生。在我的心里，眼前的学生就是最好的。在一起时，我会竭尽心力，把每个学生当作我的孩子一般对待；分开时，我毫不眷恋，把他们赶向远方，不准回头！

不念过往，不惧未来，这才是一个成熟的教师应该拥有的教育心态。正是因为具备这样的认知与心态，我进入新班后才能看到学生生命中最闪光的部分。

我新接手的这个班有20个女孩，个个善解人意，温顺善良。她们的性格虽不强悍，但她们做事很有韧劲；她们的成绩虽不突出，但她们从不放弃；她们的特长虽不显著，但她们都能发自真心地为别人鼓掌。

再说说这个班的26个男孩，个个与人为善，活泼可爱。他们喜欢玩手机游戏，但都能做到"进得去，出得来"；他们平时有些慵懒，但为了学业也能勇往直前；他们的成绩不是特别优秀，但他们敢于选择并为自己的选择负责。部分男孩的性格稍显懦弱，但他们温柔、宽容，对这个世界充满善意。还有一些男孩，明明学得非常吃力，但为了自己的目标或父母的目标，仍在咬牙坚持。

至于班级管理，这个班虽然不像我以前所带班级那么有序，但他们接到任务后也会全力以赴，完成的效果也能令我眼前一亮。

看学生当然要看到他们的不足，看到他们的不足，不是为了指责和吐槽，而是要帮他们解决问题。比如看到班上的学生整体不自信，生命缺乏活力时，我就教他们改变表达方式，对自己未来的人生进行积极的设想。我还让他们练手指操，伸出右手大拇指，伴随着拍胸动作，口中念道："我真的很棒！"再伸出左手大拇指，伴随着拍胸动作，口中念道："我真的很棒！"最后，左右手交叉重复拍胸，口中念道："我真的真的很棒！"

学生喊出"我真的很棒！"未必就真的棒了，但他们的身心会因此舒展。我始终秉持一个理念：如果我不能助力学生提高学业成绩，那么我起码要让他们的生命状态变得舒展、强劲，而非蜷缩颓丧，不管他们的成绩如何，他们的生命活力不应该消损。

一个中途接班的老师总是在学生面前表达自己对以往学生的惦念，请问你把眼前的学生放在哪里？你让他们怎么接受一个总是拿以前的学生与现在的学生比较的老师？你让他们如何喜欢一个对他们心存芥蒂、心怀不满的老师？

师生关系是相当脆弱的，稍有不慎就会破裂，何况是新建立的关系。只要接班老师对当前的学生流露出一丝嫌弃，他们的心扉立马就会关闭。

曾经有学生问过我："老师，你以前的学生和我们相比，你更喜欢谁？"我毫不犹豫地回答："当然更喜欢现在的你们！"学生闻言面露喜色，追问道："为什么？"

我说："以前的学生已经毕业，我们的感情再好，他们也已离我而去。如果我现在想喝口水，能给我递水的只有你们，这说明远水解不了近渴。如果我突然生病倒地，能打120救我的也只能是你们，这说明能靠得住的永远是离我最近的人。因此，我永远选择离我最近的人来爱。回到家，我离我的家人最近，所以我爱他们，全心全意守护他们。来到学校，我离我的学生最近，所以我爱你们，真心实意待你们。"

过去只能追忆，执迷于过去，如何放眼未来？总是怀念以前学生的好，又怎能敞开胸怀迎接新生？他们比以往的学生只会更好，不会更差！

现在拥有这个班，我觉得我是幸运的，也是幸福的。无论他们明年中考考出什么样的成绩，都不影响我现在爱他们。但是在他们毕业后，无论多么不舍，我都希望他们头也不回地奔向远方，我也不会在学弟、学妹面前轻易提起他们。拥有时，我们好好珍惜，分开时，我们各自安好。

缓解班主任倦怠感的有效手段

　　善于谋事、做事是班主任必须具备的能力；识人、用人是班主任必须修炼的管理基本功。做事可以分权，育人则要亲力亲为。分权不是撒手不管，而是给学生创造更多成长的机会，同时也把班主任从烦琐的班级事务中解放出来。

　　班主任在什么情况下最有掌控感？一个班级的所有事务都由自己决定的时候。班主任一日不在，班级就群龙无首，茫然无措，这样一来，班主任的掌控感的确得到了满足，但这种凡事亲力亲为的班主任会特别忙，特别累。一个人若长期处于忙碌和劳累的状态，就没有时间去思考和分析教育问题，更没有精力去改革并落实育人之道。慢慢地，人就会变得麻木，容易焦虑，缺乏自信，进而怀疑自己的专业能力。于是，很多老师会厌恶班主任工作，害怕面对学生和家长，抗拒领导分派的那些与教育教学无直接关联的任务。

　　我身边不乏这样的班主任，他们认真、敬业，全心全意地热爱着教师这一职业。与此同时，他们也特别疲乏，特别焦虑，特别忙碌，特别无助。他们并不甘愿当班主任，觉得当了班主任，每天都要忙着处理一些鸡毛蒜皮的事情，自己根本没时间好好备课，更别说好好读书，静下心来进行教育写作了。当了几年班主任，他们不仅在专业上没有进步，还产生了强烈的职业倦怠感。

我在一线当了30多年班主任，深知"忙""累""烦"是众多一线班主任的工作常态。若不及时调整心态，班主任就会陷入烦躁、绝望的情绪之中。那么有没有可能改变这种现状呢？当然有，那就是在班级内进行微变革。怎样进行微变革呢？把大权独揽变成分权管理。具体做法如下：

1. 变革管理认知。优秀的管理者知人善任，懂得让合适的人做合适的事。因此，班主任一定要形成这样的认知：凡是组员能干的活，组长就别做了；凡是组长能干的活，班干部就别做了；凡是班干部能干的活，班主任就别做了。优秀的班主任在管理班级时一定要做到胸中有丘壑，具备全局观。对于班级的小事、大事、要事，班主任要做到心中明了，洞若观火；对于班级的能人、庸人、懒人，班主任要做到心里有数，尽在掌控中。善于谋事、做事是班主任必须具备的能力；识人、用人是班主任必须修炼的管理基本功。把重要的事交给合适的人来干，就是班级内部积极的人事变革。

2. 实行班级事务的分权管理。班级大事主要指向班风和学风的建设。班风建设由班主任领头，班长紧随其后，其他班委助力。这就意味着班主任必须培养两位管理者，即两位班长。一位班长负责班级的外部环境建设，比如课堂纪律、集会纪律、课间表现，艺术节、运动会等大型校园活动的安全与纪律等；另一位班长则负责班级的精神环境建设，比如班级同学的价值观、人际关系、情绪管理、认知水平、身体发育、情感需求、心理安全等。最重要的是，班主任一定要与两位班长进行深度沟通，使他们能够理解、支持班主任的带班理念，能够与班主任一起建设班级。班风建设的方向已经确定了，两位班长又是班主任精心挑选、认真培养出来的，只要他们认真执行班主任下达的管理任务，班级的班风就会越来越好。班风建设有成效，班级荣誉拿到手软，学生自然会产生自豪感，对班级的热爱也会与日俱增，班主任会特别有成就感，再忙再累都觉得欢喜。

学风建设则要依赖精兵强将，即学习委员。学习委员一定要由那种学习成绩优异、性格强势、正色敢言的学生担任。学习委员不仅要提升自己的成绩，还要督促学科代表和学习组长，以此激发其他同学的学习动力。如果学习委员乐于分享学习方法，学科代表勤于学习，学习组长坚持督促，学困生不甘放弃，调皮的学生不干扰他人学习，那么班级的学风就算建成了。一个整体学习状态良好的班级，不可能考出极差的成绩。只要班级成绩不掉队，班主任就不容易陷入焦虑状态之中。

只要能处理好班风建设和学风建设这两件大事，班主任的心态就彻底稳住了。不过，班主任若想高枕无忧，还必须安排人员主管班级活动和班级卫生这两件要事。

我国的教育宗旨是，以立德树人为根本任务，培养德智体美劳全面发展的社会主义建设者和接班人。这就意味着，活动育人和劳动教育二者不可或缺。但若每次活动都需要班主任来策划、推进，班主任必定会疲惫不堪，学生也得不到成长。因此，班主任必须将班级活动的策划权和实施权移交给学生，物色那种策划能力、表现能力以及行动力都很强的学生来做宣传委员。宣传委员负责策划并推进班级所有活动，班主任只需要点赞、拍照，发朋友圈。至于班级卫生，班主任可以将其纳入劳动教育课程，要求全班学生参与，并物色一位勤劳、无私、恪尽职守的劳动委员。为了让劳动委员更好地推进劳动教育，班主任可以根据卫生区域、卫生标准以及检查时间，按照定人、定时、定点的分配策略，以小组为单位，进行"捆绑式考核"。也就是说，学生的劳动效果要以过程性评价和增值性评价为主要评价方式。

一个班集体，要能做好班风建设和学风建设这样的大事，处理好班级活动和班级卫生的相关事宜，剩下的都是一些小事，班主任可以授权个别学生和部分家长来完成。需要注意的是，对于学生成长过程中出现的一些不良表现，班主任不可假手他人，一定要调查取证，厘清真相，对症下药，把学生拉回成长的正轨。

也就是说，做事可以分权，育人则要亲力亲为。分权不是撒手不管，而是给学生创造更多成长的机会，同时也把班主任从烦琐的班级事务中解放出来，让班主任有更多的时间备课、读书，与学生谈心，更纯粹地教书育人。

西席书屋

回归教育之本 · 探寻教学之根

    西席书屋是湖南人民出版社旗下图书出版品牌，成立于2021年1月。品牌承千年师道，专注服务教师群体，坚持"以一线教师做书，做一线教师喜欢的书"。我们汇聚课堂智慧，倾听师者心声，致力于提供优质教育读物、实用教学方法、丰富阅读体验，并深入探索教师精神世界与专业成长的内在景观，打造滋养思想、助力发展的知识家园。

投稿邮箱 | 1138654910@qq.com

采购热线 | 0731-82683361

扫一扫关注微信号 | 湖南人民出版社

本作品中文简体版权由湖南人民出版社所有。

未经许可，不得翻印。

图书在版编目（CIP）数据

科学带班：48招培养全能型班主任 / 钟杰著. -- 长沙：
湖南人民出版社，2025. 8. -- ISBN 978-7-5561-3781-7

Ⅰ. G451.6

中国国家版本馆CIP数据核字第2025HB2433号

KEXUE DAIBAN : 48 ZHAO PEIYANG QUANNENGXING BANZHUREN

科学带班： 48招培养全能型班主任

著　　者	钟　杰
出 版 人	张勤繁
责任编辑	姚忠林
特邀编辑	杨　敏
产品经理	冯紫薇
装帧设计	董严飞
责任印制	虢　剑
责任校对	夏丽芬
资源运营	湖南中教出版传媒有限公司
出版发行	湖南人民出版社 [http://www.hnppp.com]
地　　址	长沙市营盘东路3号
邮　　编	410005
经　　销	湖南省新华书店
印　　刷	长沙市雅捷印务有限公司
版　　次	2025年8月第1版
印　　次	2025年8月第1次印刷
开　　本	710 mm × 1000 mm　1/16
印　　张	14.75
字　　数	160千字
书　　号	ISBN 978-7-5561-3781-7
定　　价	52.00元

营销电话：0731-82221529　（如发现印装质量问题，请与出版社调换）